隔壁的**学霸**是怎样炼成的 2

中国妈妈的集体焦虑症

庄锋妹 / 著

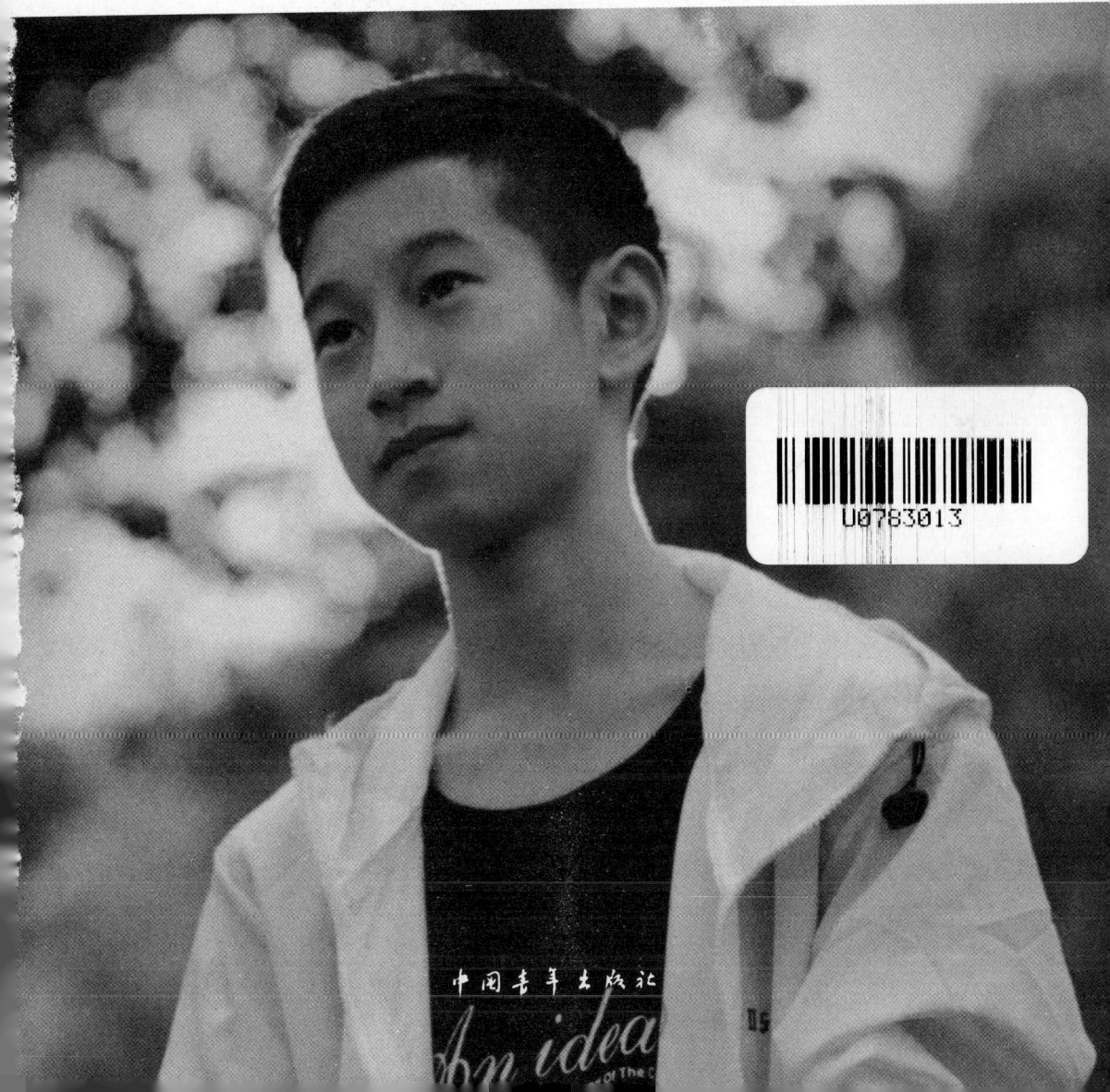

U0783013

中国青年出版社

图书在版编目（CIP）数据

隔壁的学霸是怎样炼成的.2 / 庄锋妹著.—北京：中国青年出版社，2017.10

ISBN 978-7-5153-4937-4

I. ①隔… II. ①庄… III. ①家庭教育 IV. ① G78

中国版本图书馆 CIP 数据核字（2017）第 241758 号

书　　名：隔壁的学霸是怎样炼成的 2

著　　者：庄锋妹

责任编辑：庄庸　陈静

特约策划：张瑞霞

特约编辑：于晓娟

出版发行：中国青年出版社

社　　址：北京东四十二条 21 号

邮　　编：100708

网　　址：www.cyp.com.cn

门 市 部：(010) 57350370

印　　刷：三河市君旺印务有限公司

经　　销：新华书店

开　　本：710mm×1000mm　1/16

插　　页：1

印　　张：17

字　　数：300 千字

版　　次：2018 年 1 月北京第 1 版

印　　次：2018 年 1 月河北第 1 次印刷

印　　数：0,001~5,000 册

定　　价：35.00 元

本图书如有印装质量问题，请凭购书发票与质检部联系调换。

联系电话：(010) 57350337

荒

闭上眼睛

还是能嗅到雨水的味道

那种说不清

道不明的感受

直接滴落在

我理不清

剪不断的心头

心尖

如被强制

按上了

一块秒表

滴滴答答

晃得慌……

我知道

最近的自己

真的不是一杯咖啡

一颗素心

一笺瘦字

就能云淡风轻的……

——写于 2017 年 2 月

感谢陪伴，请多关照！

——写在中学毕业季的一封信

"妈妈，妈妈……"一个完全陌生的小孩张开双臂，从一个陌生的地方朝我边喊边奔过来，那声音如天籁，纯净得让我的耳朵想跳舞。

我站在时光的背后，带着惊诧的目光看着他。圆圆的脸蛋儿，萌萌的大眼睛，小小的殷红的嘴巴有节奏地一张一合，我似乎能感受到他从肺里奔出的气息，从心脏里跳出来的情感。那里的背景很虚空，像极了一个时空的隧道，连接着另一个未知的世界。

他越跑越近，近到我可以一伸手就能触碰到他的身体……

这是我十五年前的某个晚上做的一个梦，那时我怀你八个月。时间不长，镜头却特别清晰，清晰到直至今天，我在敲打下这些文字时，都还能感受到那个梦的呼吸；清晰到那晚梦醒之后，我一遍又一遍地抚摸肚子里的你，一次又一次地轻声问你：孩子，是你吗？真的是你吗？接下去的每一天，我都在回忆那个梦境中的小孩，一遍一遍地勾勒他的样子，嘴角绽开的是幸福满足的笑容；心急的我开始板着手指过日子，本来就期待你到来的心越发强烈，强烈到想下一秒你就从我肚子里蹦出来，像孙悟空从石头里蹦出来一样。

这当然是不可能的！你还没有足月，怎么可能仅仅为了满足一个母亲对你外貌的好奇心，为了见证梦中的那个孩子是否真的是你，而打破自己生命的规律呢？你唯一能做的，就是用你的小脚小手频繁地从你的小屋子里传递出你生命的迹象，而我一次次把这种现象当做你想出来的预兆，心里既紧张又期待，甚至有点害怕，却忽略了你只是用这样的方式来传达你想对我说的话——妈妈，别急，再等等我……

当然，我当然会等你，我的孩子！所以我强制按捺住期待和兴奋的心，尽量平静地等待你的到来。但很抱歉，我还是比不过你有耐心，那种急切想见到你的心情让我没有和你商量，就擅自主张提前八天把你强行拉进我的世界，把一个生命体割离成两个生命体。

从此你赋予了我这个世界上伟大又美好的称呼——母亲。你拥有了属于自己的崭新生命，一个社会的独立个体。

你呱呱落地，时间定格在 2002 年 6 月最后一天的下午 6 点 12 分。当助产师把小小的你抱到我的眼前，让你靠近我的身体，那一瞬间，我仿佛看到幸福之花在我的每一个细胞中怒放。我双眼紧紧盯着你：一头浓黑的头发，鬓角很长，粉嫩的小脸蛋，一双眼睛紧闭着，一张粉嘟嘟的小嘴咧开着大哭，小小的鼻翼因为用力呼吸而有节奏地翕张着。哭声真大啊，我的孩子，你哭吧，用力地哭吧！把你所有的喜悦和兴奋，甚至害怕都通过哭声释放吧，用你的哭声告诉全世界——你来了！只是当我还没有听够你的哭声，还来不及好好端详你和梦中的小孩是否相似时，助产师就把你抱走了……我竟然涌出一份担心，助产师会不会把我的孩子和别人家的孩子弄混呢？当然，这份担心是多余的。

我在浓烈的期盼中终于等到你，却在面对真实的你时不知所措。看着你一天天长大，我幸福着，又担心着。你成长的每个瞬间都刻在了我的脑海中，如同烙印，即便时间的灰尘一次次覆盖上来，我却总能一遍又一遍地清扫干净，再次沉浸其中。时间在每一个有你的日子里逝去，不知不觉中，你已是一个比我还高的小伙子了。我惊叹生命的神奇，又感叹岁月的无情，你在慢慢长大，我却在慢慢老去……

　　十六岁的你，青春正飞扬，面对初中毕业季渐渐地靠近，你依依不舍又蠢蠢欲动，既有对青涩岁月的不舍，又有对未知世界的好奇。青春真的是个好东西，它在你的身体里偷偷长出了一双隐形的翅膀，你惊喜又害羞地扑棱着翅膀，朝着最向往的蓝天飞去。虽然笨拙，虽然踉跄，但你依然努力往上飞，那里有一种叫做"自由"的东西，如一块吸铁磁一样，吸引着你全部的目光，你对未来充满了兴奋和期待……

　　你如风筝一般，越飞越高，越飞越远，虽然那根线始终握在我的掌心，但我还是会感到不安和失落，目光始终紧紧锁住半空中你的身影。亲爱的小孩，你已经长大了，可以尝试着离开妈咪去找寻属于你的天空，你的人生。这么多年，我习惯了你在我身边，不管是哭还是笑，哪怕是沉默，我都能感受到你浓郁的气息，如今你要用自己的双手去规划你的人生，活出自己，我纵有千言和万语，却如鲠在喉。

　　孩子，你辛苦了！

　　这是我一直想要对你说，却从未说出口的话。一路走来，你真的辛苦了。虽然我始终陪在你身边，但自己的生命还是需要自己扛，生命赋予你的所有，还是需要你自己去感受和经历。哭也好，笑也罢，这一切的一切都是你人生的印记，都是独一无二的。每个生命都是奇迹，同时也是不能复制的。妈咪虽然走在你前面，但我却无法推测你路上的风景会是怎样的！社会在快速地进步，人的压力也会越来越大，我很自私，为了让你赶上社会进步的脚步，忍住心疼，不断地把你往前推。我知道这个过程是多么的辛苦，知道你承受了很多那个年纪的我从未承受过的辛苦，所以妈咪想对你说：亲爱的小孩，你辛苦了！

孩子，谢谢你！

我经常会对你说谢谢，却总是在你帮我做了某些事后。这是一种礼仪。此刻，当我敲下这五个字时，我异常的平静。脑海如放映机一般，发出时光的"吱呀"声，缓慢地转动岁月的齿轮，清晰又模糊，却历历在目。十五年，说短，其实也不短，人生不过百年，又有多少个十五年？时间很快，一不小心就从你指缝里溜走，无影无踪，唯独那些记忆是时光带不走的。所幸的是，关于你的任何记忆基本都被我用文字留下来了，留下它们，除了想在自己百年之后，能把这份珍贵的记忆转交给你，还有一个更重要的原因——提醒自己，要谢谢你！谢谢你让我成为一个女人最骄傲的角色——母亲；谢谢你让我参与你的生命之旅；谢谢你始终陪伴在我身边！

亲爱的小孩，在你展开翅膀，准备飞向更适合你的那片天空时，妈咪最想对你说：

"过去的十五年，感谢陪伴！未来的一辈子，请多关照！"

庄锋妹

写于 2017 年 6 月

第一章

比焦灼还煎熬的是——等待

人天生就对未知的东西充满了恐惧感，如果这个未知的东西与你最深爱的孩子有关，就会变得更加焦虑。当我们处在这种情绪中，一定要学会把未知变成有知，哪怕只是一点点的有知，也会对你缓解这种情绪有帮助；学会通过不同的渠道，根据自己的辨识能力，一一把初三阶段可能发生的事情和问题罗列出来，然后加以分析，再根据自己孩子的情况逐一解决，并有意识地采取一些应对措施。

1　焦虑——等待一模考

不知何时起，我的心尖就被强制安上了一根上足发条的秒针。我在永不停歇的"滴答"声中彷徨、焦灼，甚至矛盾——希望时间稍纵即逝，又希望时间停滞不前。

唉，这磨人的初三！

你们学校马路两旁的梧桐树叶黄了、落了，渐渐融入了泥土中，等待再一次的轮回……向来怕冷的我，也不再关注这不断刷新的最低气温，每天早上如战斗机一样，奔波在送你上学的路上。

车窗外寒风肆虐，像极了初三刚开始的那段时间里我和你之间永不停息的战争；车内温暖如春，也像极了最近你我之间的关系，看似很融洽，却是把所有的话语压在了喉咙。就像紧闭的车窗，把所有的寒冷关在了窗外一样—— 假装不是冬天。

我不言，你当然更是不语。这种突然耳根清净的幸福，不是你一直以来最盼望的吗？但有一点，我很肯定，你的内心一定不好过，你甚至不止一次地猜测我沉默的原因，或者你不断地回忆自己最近什么事惹我不开心了。其实我也一样，我的内心同样不开心，很压抑。所以人与人之间最怕的就是沉默，而不是争吵，因为争吵至少还说明你是在乎我的，你是愿意把心里所有的情绪传递给我的；而沉默，恰恰相反，它是人与人之间沟通和交流的杀手。

都说情绪是一种传染病，而且是一种能快速蔓延、无药可医的病。当传说中的一模考越来越近时，我的焦虑和紧张不断地膨胀和发酵。越来越多的负能量像雨后的野草一样疯长。我知道这种负能量对正面临一模考、急需正能量的你会有怎样的杀伤力。为了不影响你，我只能暂时把所有的说教和要求放在肚子里，我怕一开口，会是汹涌澎湃的不良情绪，也许你还来不及反应，就被我的情绪给淹没了。

哦，这让人害怕又期待的一模考！

对于"一模考"这三个字，我虽不陌生，但也称不上熟悉。毕竟没有经历过，又怎会懂得？只是在你刚上初二的时候，经常听到身边一些同年级的家长和已是初三的家长说一模考的重要性。当时我是那么不以为然，甚至有点不屑，不就是一次模拟考嘛，怎么搞得那么紧张！有必要吗？一模没有考好，还有二模呀，即便都没有考好，不是还有中考嘛，中考才是重头戏啊！但是随着你进入初三，什么一模是金、二模是银、三模四模没意义等传说让我越来越不淡定，真的有这么重要吗？

我想深入了解这一模考的欲望越来越迫切。就在自己像无头苍蝇的时候，一个叫做"中考帮"的软件直接把我带入了一个信息化世界。这个信息化世界里面都是一帮和我一样家有考生的家长们，他们每天都会分享最新的政策和消息，当然更多的是会把目前每个家长都关心的东西拿出来谈论，因为大家都来自不同学校和领域，所以资源特别丰富，任何难题似乎在这个"中考帮"里都能找到答案。这些天，关于这个"一模考"的问题自然而然地成了热点。我发现每个家长都和我一样，都有许多不同的问题，而这些问题的背后，都隐藏着一颗敏感和紧张的心。

一模考不但是一些名校的敲门砖，而且还直接影响着孩子是否能拿到提前预录的门票！也就是说，所有的高中都会先通过你一模的成绩来判定你是否有资格参加它们的自主招生。单凭这一点，就让多少家长和孩子为之疯狂和焦灼，特别是那些平时蛮优秀的孩子。怎么能不疯狂？整个上海市有七万多中考生，而提前预录的名额却不到10%，也就是说100个孩子一起竞争这10个名额，可见战场的激烈。又怎么能不焦灼？四年的努力和付出似乎就在此一搏，搏赢了，也许可以搭上提前预录的船，安心地到达胜利的彼岸；搏输了，只能眼睁睁地看着其他同学先行而去，自己再埋头拼搏，如果二模考得好，也许还有机会，反之只能和七万多考生一起裸考，去挤千军万马的独木桥。

关键是，一模考也是学校推优的参考之一，占的比重很大。如果你平时成绩都不错，但恰恰一模考考得不尽如人意，那么也许你就和推优名额擦肩而过了。所有家长，包括孩子都知道推优名额的稀缺和珍贵，想要在只有 7% 的校推优比中，拿到一个推优名额，真的很难很难，甚至是一些家长和孩子想都不敢想的事情。很多时候，对于一些成绩虽然优异却又想跨上更高学府的学生来说，梦想实现与否，也许就是一个推优名额的距离。

当了解了这些之前一无所知的信息后，我的心里就不曾平静过，应该说不曾正常过。脑海不是长久的空白就是翻天覆地的想象，而这一切的一切都来自对未知的难以预测和难以把控。我努力让自己假装很忙，假装有很多事情要做，假装要和很多客户去沟通，甚至假装有很多会议。但我突然可悲地发现，这一切的假装根本无法治愈我那颗上了发条的心，我明显地、清晰地感受到那颗心生病了，它要么超负荷地跳动，要么就是被一块无形的石头压着——压抑地喘息。

所以，当另一条信息跳进我的眼帘时，惊吓的不只是我的眼睛，还有一颗本来就惴惴不安的心。

——我的孩子都没有参加过三大杯的竞赛，是不是就没啥竞争力了？

这是一个妈妈发的帖子。

看到这条帖子的瞬间，我的脑子是短路的，甚至思维是混沌和迷茫的。什么三大杯竞赛？我怎么不知道呢！

随后我按捺住慌乱的心，继续往下看别的家长的互动，终于明白了。所谓的三大杯竞赛是指：数学大同杯、物理大同杯、化学天原杯。

哦，老天，这是什么杯赛？脑子短路的瞬间，还好我还能第一时间想到度娘。度娘告诉我：对于想要通过自招进入顶尖市重点的孩子来说，这三大杯赛是三块相当有含金量的敲门砖。对于初三的同学而言，如果能在这些杯赛中获得任何一个奖项，回报率都是可观的，特别是一、二等奖获得者，能进四校理科班的概率比一般的同学高很多；即使没有获奖，只是达到初赛的水平，在参加学校综测时，应付各种套路题，也是如鱼得水。

看完这段文字，我顿时傻眼了。这些杯赛我连听都没有听过，更别说你有参加过。

这个孩子，实在让人可恨！怎么什么都不和我说，这么重要的杯赛怎么着也要和我说一下，怎么着也要去争取一下吧。我嘴里嘀咕着，心里恨得牙痒痒。如果你在我身边，估计又免不了一场兴师问罪。

而下一秒我开始自责。作为母亲怎么都不曾去关注这么重要的事情呢？平时看似很重视孩子的学习，但关键的最有用的杯赛却不去关注，这样的母亲还是个合格的母亲吗？所以，其实怪不了小舢！怪，只能怪自己，怪自己无知，怪自己不重视这些杯赛！只是，现在，怪谁都没有用了。

——传说，如果拿了其中任何一个杯赛的一等奖或二等奖，四校就会主动来找你啦。

——好好笑，想获奖很难的好吧，除非你参加了竞赛类的补习班，不然比登天还难。

——没有这些杯赛，只能放手一搏，争取在各校自主招生时能考出好成绩。

——想要去参加好学校的自主招生，你必须一模成绩过硬，不然一切都是白搭。

……

看到帖子上其他家长的互动，不但未能减轻我的焦虑和忐忑，反而加剧了这种情绪。要想参加一些好学校的自主招生，想给自己更多的机会，或者想提前预录取，只能靠一模的成绩了，因为很多学校的自主招生都是在一模考之后。

问题是，你的一模考真的能够考出精彩的成绩吗？

我混乱的脑海里打了一个大大的问号！

看似不偏科的你，却在每次考试时，总有一科会考得不尽如人意，关键是每一次的科目还都不相同。所以我根本不知道哪一科才是你的弱项？我又该怎么帮你去把弱项的那科拉上来？初三一开始，你的化学明显比一般科目差，在我的督促和老师的指导下，你终于跟了上去，保持到了正常水平。如今，面对你每次不稳定的科目考砸，我真的束手无策，因为我找不到症结，自然就无法对症下药，再说我们根本没有时间去找你隐藏在这些科目中的具体问题，我们是在和时间赛跑。如果一模时你再犯同样的问题，那么后果……

我真的不敢想，只能把脸深深地埋在手掌中，一种深深的无奈感席卷而来。我仿佛被扯进一个无底的黑洞，在这个黑洞中，我孤身一人，不知道出路在哪里……

哦，孩子，妈咪很害怕，很焦虑。哦，孩子，但是妈咪不能逃避，不能退缩。哦，我亲爱的小孩，我要给你力量，给你光明，给你信心……

不得不承认，我开始陷入一个可怕的漩涡，那里充满了不安和紧张，还有我的无数假想敌。

如果我的孩子一模考真的没有考好，我该怎么办？他的自信心会不会受到打击？他会不会从此一蹶不振？毕竟你就读的中学是区里最好的中学，你又是班级男一号，你的内心真的可以承受这一次的失败吗？也许你会和之前一样，嘴里说着没事，下次继续努力，但你的眼里却含着泪，你的失落感如飘零的梧桐叶一样，纷纷扰扰。我们都知道，有些考试真的没有下次，有些机会也许真的只有一次。如果和你成绩差不多的同学能拿到自主招生的门票，那么你的难过和自卑谁又能感受和理解呢？哦，我的孩子，妈咪真的不敢想象……一想到这些，我就会全身发抖，心痛得无法呼吸。

如果因为一模考的失败，影响到你的二模，甚至中考，那么孩子，你这四年的努力将化为灰烬，只能成为空气中的尘埃，无人问津。到时你该怎么办？我又该怎么办？你人生的第一个转折点就给你这样的打击，那么孩子，你接下去的每一步，每一个转折点都会比较难、比较累！我怎么忍心看着我的孩子走得那么辛苦？

这每一个我的假想敌，都让我痛得窒息，甚至泪眼模糊，似乎这一幕真的就在眼前。

未雨绸缪，是我对生活的一种态度。这和我从小内心缺乏安全感有关。冷静下来，我开始思考怎么解决这些可能发生的问题，即便发生的概率极低，我也要有应对的措施。向来对某个补习机构不感冒的我，破天荒地从你同学的妈妈那里要到了联系电话和联系人，然后第一时间打电话过去咨询，甚至直接拍板报名。我想如果真的发生我假想的那些，那么我至少可以第一时间让你接受最好的补习，虽然这家机构价格贵得令人咋舌，但为了你的学习和前途，钱又算什么呢？

那段时间我似乎调整好了心态，似乎准备好了迎接一模考的到来。但是强按在心头的那根秒针每日每夜地跳动着，我的心就这样如风筝一样悬着，却看不到放风筝的那个人。

不管我心里如何风起云涌，传说中的一模考还是如约而至。

那天，我比平时醒得都早，眼巴巴地盯着落地门，似乎要穿透厚厚的窗帘窥探外面的天空是否也早已醒来。一模考不是全市统一的，每个区考试时间不同，所以当我习惯性地打开"中考帮"，刷新里面的帖子时，里面不外乎是那些已经考完一模的学生家长在里面分享自己焦虑的心情和评论试卷的难易度。随后我的思维也开始活跃，一些乱七八糟的想象充斥着整个大脑。乐观的、悲观的、未知的、已知的……一股脑混杂在脑海，不停地翻滚，纠结。

闹钟还未响起，我早就按捺不住自己的迫切，明明知道要控制，但心中的秒针像突然失灵了一样，发疯般地用力跳动着。我一次次尝试深呼吸，一次次把手放在胸口，希望肢体的力量和温度能安抚到器官的情绪。

　　我一如既往地先下楼给你准备早餐。昨天就开始纠结要给你弄什么样的早餐：不能给你喝粥，怕到时你上厕所；不能给你吃带糯米的，怕你胃不舒服；不能给你吃牛排，怕你拉肚子……最后决定给你做两片吐司，外加一个白煮蛋，一个苹果和一杯牛奶。

　　早上七点整，我将车子稳稳地停在了两旁栽满法国梧桐树的校门口的马路边上，看着你把冬季的校服拉链拉起来，然后背上沉重的书包。我从驾驶座上转过头，对着你笑了笑，然后举起右手的拳头，做了一个"加油"的姿势，对你说道："小触，加油哦！"你抬头看了我一眼，对我笑着点了点头，随后推开车门，隐入在大帮的学生群里。

　　看着你瘦弱的背影，挺直的脊背，我低声道：孩子，加油啊！你是最棒的！希望你能发挥出你最好的水平，打赢中考前的第一场战争……

　　我舒了一口气，闭上了每天缺少睡眠的双眼。这一刻，我终于知道，自己为何会那么焦虑，除了对你成绩不稳定的担心之外，更多的是我对你的期望：想让你获得更多机会，想让你去更高的平台试试，想让你提前登上到达胜利彼岸的船只，这种心态死死地扣住了我，我害怕失望，害怕失落，害怕失败。

2　不安——妈咪，其实我也很不安

　　这个春节似乎来得特别快，一模考考完，就基本进入寒假了。这个寒假注定不会很安静，因为有太多的等待！任何风吹草动，都会让时刻处在敏感状态的情绪崩塌。

考完后的第一天，你就狠狠地睡了个懒觉，似乎要把之前没有睡够的觉都补回来。第二天，你依然睡得比较晚，但明显不再像第一天那么恍惚和迟钝，而是开始在电脑上查一些考试时你不是很确定答案的题目。看来，你也很紧张。

我当然更是紧张。这两天表面上看起来似乎很忙碌，每天都准时上班，但是鬼知道我的心思到底放在哪里。整天基本心神不定、坐立不安的，不是刷"中考帮"来了解最新的消息，就是在微信中找家长聊这次的一模考。我发现随着时间的慢慢流逝，我那颗心反而绷得越来越紧，真不知道你这次一模考得如何？脑海里不知出现过多少次你会考得很好的念头，又被一次次地否定！就怕希望越大失望越大，当然之前的那些假想敌还是像幽灵一样在脑海中徘徊，时不时让我的心脏抽搐一下。

一模考后的第三天，你们开始上课了，学校要求连续上五天的课再放假。我继续上班，依然心神不定，一模考成绩还未出来，一颗心怎能安定下来？

因为整所学校就你们初三上课，所以校车被取消了，我只能去学校接你放学。放假后的校园显得分外冷清，冬季的马路也格外寂寥，只有几辆车和我一样，停在落满梧桐叶的马路边上。我知道，这些车里面都坐着一个等待着自己孩子的家长，也许这个家长和我一样，也很是焦虑和不安。

正当我胡思乱想的时候，你裹挟着一股寒风钻了进来。我转头看了你一眼，你尖尖的鼻头冻得通红，本来就有鼻炎的鼻子此刻抽动得更繁忙了，像极了《西游记》里的那个"黄蜂妖怪"。

我忍不住"扑哧"一下笑出声来。

不用问，你都知道我是在嘲笑你的鼻子。你狠狠地白了我一眼，用手指用力捏了捏鼻头，下巴傲娇地往上一抬，双手抱胸，身子斜靠在椅背上。

"小舳，今天成绩出来了？"我试探着问道。虽然我知道正常来说应该是网上先查到，再回到学校，但谁知道会不会反常呢？

"这不存在的……"你立马回应。

"哦，"我莫名地有点失望，虽然紧张担心，但内心其实还是希望成绩快点出来，这种等待真的很煎熬，"我以为成绩出来了呢……"我自言自语道。

"So……"

我从后视镜看了你一眼，你正抬高一边的眉毛，眼睛斜视着我，似乎等待着我下面的话。

"所以，我就问你成绩出来了吗？"我白了你一眼，感觉你真心有点无聊，都什么时候了还有心情说笑。

"这个不重要，老妈。"你再次接话。今天的你有点反常，平时在车上你不是闭着眼睛听音乐，就是吧唧吧唧吃东西。关键是我和你之间已经沉默一段时间了，所以面对今天这么主动和我搭讪的你，我可是感到相当意外。之前的经验告诉我，不是学校里发生了惊天动地的事情，就是你想在为即将要说的事情提前做铺垫。

我翻了翻眼，讥笑道："你什么都不重要，中考也不重要！"有时候吧，就是无法忍受你这种云淡风轻的态度。

"哟，哟，某人生气了……"你竟然开始调侃我，语气还如此轻松。

　　我从后视镜狐疑地瞄了你一眼，你今天的样子真的太反常了！正常来说，只有你心情大好时，你才会有这样的行为，而如今一模成绩还未出来，是什么让你有如此好的心情呢？我表示深度怀疑。

　　"是不是成绩出来了？"我忍不住再次质疑。你的好心情让我甚至怀疑你是不是忽悠我，其实一模成绩已经出来了。

　　你没有回应，而是身子刻意地朝我这里靠近，眼睛巴眨巴眨地看着我的侧脸，一副欲说还休的样子。

　　难道……难道成绩真的出来了？然后你的成绩很不理想？为了不被我骂，所以故意先和我套近乎？我越想越觉得很可能是那么一回事，于是整个人都不对劲了，感觉浑身的刺都在竖起来。

　　我猛地把你凑近的头往后一推，脸上露出厌恶的神情——就是超级不喜欢这样的你，为了达到某种目的，不惜使用谄媚的手段。

　　毫无准备的你被我这么一推，身子不由往后一仰，生气地大叫："你有毒吧，你！"

　　"对，你才有毒吧！明明成绩出来了，为何要隐瞒！"我怒斥道。那种语气似乎成绩真的已经出来了，而且还考得相当不好。

　　你一愣，终于知道我为何会有这样的举动，遂语气冰冷地揶揄道："最好哦，成绩最好出来了！"

　　我一惊，刚刚紧绷的神经瞬间放松下来了。听你这个语气，我就知道自己刚刚的猜测错了，成绩应该没有出来。但又不想在你面前下不了台，虽然内心认识到了错误，但嘴上还是不想妥协，小声嘀咕着："成绩没出来，你开心哪门子事嘛，真是的……"

良久，听到后座传来你一声长长的叹息。你跷着二郎腿，双手交叉放在后脑勺，下巴微微抬起，眼睛微闭着。此刻你的内心绝不会像身体这么淡定，你实在想不通一个初三怎么会让自己的妈妈完全变成了另一个妈妈——多疑、多变，甚至有时候无中生有、不可理喻，让你的身心都处在疲惫中。前段时间，就是无法忍受她天天念叨那个一模考，为了给自己减压，晚上偷偷玩电脑解压，没想到撞在了枪口上，被她抓了个现行，这下可好，又骂又哭的，似乎我是千古罪人……唉，难道每个妈妈都是这样的吗？有时候我真的想和她对着干，但一想到她毕竟是我的妈妈，而我也算是个男子汉了，怎么能和自己的母亲一般见识呢！但是，她的情绪也太善变了，就像刚刚，自己本来想和她说另一件事，结果只是自己说话的方式和行为有点反常，她就开始怀疑我在欺骗她成绩还没有出来。哦，我的老天啊，这折磨人的初三何时才能结束呢？我的老妈何时才能结束更年期啊！

"老妈，你说你的更年期是不是无期限的？"你突然从后座冒出这句话。

我明明知道你在嘲讽我，但不知为何还会傻不拉几地附和你："什么意思？"

"你看，从初三开始到现在了，你不觉得这个时间有点长吗？"你继续用平静的语气嘲讽。

"你管我！"我翻了个白眼，一副不高兴的样子，"还不是因为你啊，不然你以为我愿意啊！你能不说话吗？不说话，没有人当你哑巴。"我语气很不友善，我就是搞不懂，一模成绩还没有出来，整颗心都还悬在半空，你哪来的心情和我说这些有的没的？是的，对于我来说，只要不是关于学习的，都是废话。

"好吧，本来看在你为我这么操心的份儿上，想告诉你一件很重要的事情，如今看来，你是不需要了。"你根本不在乎我的语气，竟然再次挑衅道。

显然你很懂得心理战术，你知道这种欲说还休会引发本来就对你的所有都充满好奇的我不停地追问，特别是关于你的学习问题。

"什么事情？"我急急地追问。身体的全部神经都开始紧张起来，似乎害怕错过你说的每一句话。

你傲娇地上扬了一下嘴角，果不其然，我真的如你想的那样，一点变化都没有。所以你突然想卖卖关子，气气我这个总是学不会耐心聆听的妈妈，"不说了，反正你只是关心成绩，其余的对于你来说都是浮云。"说完，偷偷瞄了我一眼，虽然你早知道我在听到这句话后的表情，但你还是有点好奇地想看。

换作之前，我可能会努力又讨好地游说你，但是今天不知是因为成绩没有出来，还是因为担心什么，我的语气变得冰冷又强势，"你爱说不说，你以为我很想听你说话啊！"随后从后视镜看了你一眼，补充道，"其实我真的很讨厌你这样！"

也许没想到我会是这样的反应，因为这和你预期的相差太大。

哼！你从鼻子里冷哼了一下，脖子一扭，脑袋斜靠在椅背上，闭目养神，似乎杜绝外界一切的声响，但你的思绪却始终被放学前班主任说的那件事牵扯着。

今天最后一堂是语文课，在下课铃快要响起的时候，语文老师兼班主任突然很认真地说道，要宣布一件事情。看她一副神秘兮兮又严肃的样子，你的心一下就悬了起来，"扑通扑通"地开始加速跳动着，你本能地以为是一模成绩已经出来了。

"一模成绩现在还未出来，估计明天就出来了。"班主任一开口就把你刚刚本能的猜测给否决了。然后你发现那颗狂跳不已的心瞬间安静了很多，再用眼角的余光扫射身边的同学时，你发现你同桌轻轻地又深深地舒了一口气，而另一个坐在你前面的同学，在老师说出这句话后，刚刚还挺直的僵硬后背突然像快要倒塌的墙壁，整个松垮下来，形成了一个弓形。看来，不只是你一个人对这次一模成绩紧张，其他同学也都很在乎这次成绩。

随后，你班主任用那双犀利的眼睛迅速地扫射了整个教室，缓缓地说道："我刚刚接到一个通知，"她顿了顿，又扫了一遍教室里的同学，最后不知是有意还是无意地把目光停留了在你的脸上，虽然只是"滴答"一秒钟而已，但你刚刚好不容易平静下来的心又再一次被提起来，瘆得慌。"文渊学校的冬令营定在了这个月的 19 日，我们学校规定，凭这次一模考的排名来决定参加冬令营的名单，具体怎么安排，一切等你们的一模考成绩出来后再议。"说完，她又扫了同学们一眼，整个教室突然被一种紧张又不安的气氛笼罩起来。

"扑通"一声，你分明听到刚刚被提起来的心脏猛地跌落下来，没有落到心窝里，而是一路下坠、下坠，你根本不知道着落点在哪里。关于文渊冬令营，早在前段时间就成了你们同学之间最热议的话题。听往年的一些学长学姐说，能参加文渊冬令营的学生都是全区最好的学生，学校之间竞争也很厉害，完全靠成绩说话。好在你们学校是全区最好的学校，别的学校根本无法和你们竞争，所以别的学校的名额是少之又少，但你们学校相对来说名额会多一点，但也是竞争激烈。据说，只要参加了文渊的冬令营，基本上一只脚就踏进了文渊的大门，所以如果你想进文渊，这次一定要拿到冬令营的门票。换作之前，你根本就不会那么担心自己拿不到这张门票，毕竟以你对自己的了解和目前的成绩，拿下这张门票根本没问题，或者说只是小菜一碟。只是，这次一模考……

想到一模考，你那颗下坠的心脏猛地收紧了一下。这次全区统考的一模考比你们学校自己出的考卷简单很多，但是你似乎考砸了，栽在了语文上——古诗默写竟然默写错了，把上下两句给颠倒了。还有文言文的基础知识，似乎也错得比平常多，阅读理解上的一个看拼音写字也写错了……哦，扎心了，老铁！这次看来怎么也逃不掉被班主任狠批，甚至面临被罚抄的命运了。只是这些似乎都不重要，重要的是会不会语文成绩把整个排名给拉后，如果真的是这样，那想拿到名校的门票就难了，然后家里那个对自己期望甚高，又整天处在紧张焦虑中的老妈，她会以怎样的方式来惩罚自己？

"不过，我相信，我们的同学都是很优秀的，对于文渊冬令营的门票，我对你们还是很有信心的！"你班主任突然换了一种语气，面带微笑地说道。你以为，班主任又要开始灌输正能量的心灵鸡汤，但这一次你又猜错了，只听你班主任继续说道，"大家不要因为这个事情而影响心情，虽然冬令营很重要，但是即便没有参加到冬令营的同学，靠自己的努力还是有机会进文渊的。再说，我们校长也会努力帮我们争取更多的名额，前提是我们的成绩一定要出彩！"

……

"唉……"一直沉默的你突然深深叹了一口气，似乎全部的紧张和压抑终于找到了一个出口。

你这一声长长的叹息如一块石头压在了我的心头，本来不堪重压的心脏猛地又一沉。你到底要和我说什么呢？如果不是一模的成绩，那么又会是什么呢？如今，我似乎只对你的成绩和未来学校的选择有兴趣，对其余的任何事情我似乎都产生了绝缘。就像每天我在单位打开电脑后，第一时间会做的，就是去浏览各高中的官网，了解它们学校的人文、科技和相关信息，然后逐一分析，看看哪所值得我们去尝试。当然，我更多的时间都花在了关注"百川学校"的信息上，它像一块磁铁一样深深吸引着我，我甚至想象有一天你成为百川的学生，我是百川娃的妈。这当然都是我一厢情愿，因为我很清楚进百川的难度，这所一直排在四校后面的第五校，教学质量是有目共睹的，这几年如雨后春笋一样，不断地往上冒，势头很猛。而我恰恰被它的这种势头给吸引了，我喜欢这样的学校，就像我喜欢看到不断上进的你一样。所以即便很难，我也要让你去尝试，不去尝试怎么就证明自己不行呢？只有尝试了，我和你的内心才不会留有遗憾。

前面就到家了，你依然闭着眼睛，沉默不语。我很想知道你在想什么，你刚刚到底想对我说什么。但是我很清楚，这个时候不管我用何种方式何种语气来问你，都会是同一个结局——缄口不语。不过听你刚刚的叹息，你想诉说这件事情的欲望很强烈，只是因为我刚刚的态度和语气，让你情愿锁住自己的嘴巴也不愿意说出来让自己轻松点。青春叛逆期的你，有时候就是一头小兽，如今这头小兽被我惹恼了。我心里微微叹了一口气，压制了所有的好奇，等待你的小兽安静下来，再闯进你的心里，和这头小兽来一次对话。

3 成绩——终于出来成绩了

"一模考成绩出来了！"

正在外头参加你父亲和前同事聚会的我，突然看到家长群里冒出这样一句话。我先是一愣，脑子一下短路，首先冒出来的就是"怎么办"三个字——没有电脑，而查分系统只能在电脑上查，那我怎么才能查到你的成绩呢？紧接着就是像浪潮一般席卷过来的自责和悔恨：该死的自己，明明知道今天成绩会出来，怎么还要跑出来参加什么聚会呢？真是脚贱！不管是怎样的情绪，我最终还是要解决问题，所以我在脑海里迅速找寻能马上帮我查到分数的最合适的人选！第一时间我就想到了你班主任，急急地在微信里找到她。虽然整个神经都在发抖，但还是努力控制自己微抖的手指，快速地给你班主任编辑短信：老师，我在外面，您能不能帮我查一下小舢的成绩？谢谢！

几秒钟后，你班主任回复：我正在查。

我明明可以等你班主任查完告诉我，但是不知为何，那种立马想要知道你成绩的欲望如喷薄的火山，无法控制，我一秒钟都不能等，也不想等!

我从椅子上"蹭"地站了起来,不顾别人诧异的目光,直接奔向了楼下的收银台。是的,我在进店的时候,就看到收银台上放着一台电脑,我现在需要一台电脑,立刻,马上!

"你好!你们的电脑能不能让我借用一下呢?"还未到收银台,我就对着里面的店员征求道。

"可以,你用吧。"

"嗯,非常感谢!有连网吧?"

"有的。"

我似乎是用扑的方式到了电脑前,握着鼠标的右手开始颤抖,一颗心毫无节奏地猛烈地撞击着胸腔,感觉快要冲破我的身体。

输入"复旦天翼查分系统",眼睛紧紧地锁着屏幕,心里暗暗祈祷你的成绩能让我满意。随后小心翼翼地输入你查分的账号和密码,怀揣着一颗如小鹿般的心等待着。

只有三秒钟,而我如等了一个世纪,屏幕显示无法登录。

"咦,怎么无法登录呢?你们确定有连网吗?"我急急地对着店员叫道。

"我们有连网啊,你看我的QQ还登录着呢。"店员不解地回应道。

我迅速地瞄了一下屏幕右下角,没有错,那里的QQ正不停地闪动着,提示有新的信息进来。

"咦,那怎么会不行呢?"我暗自嘀咕,先退出,刷新了屏幕后再次登录,还是显示不能登录。

"碰到鬼了!"我恨恨地叫道,声音不大(其实还是在意自己的淑女形象的），但内心像有无数只猫爪在挠着那种又急又怕。

"噯，应该不会呀，我们电脑连网的呀。"店员不知何时出现在我的身边，头凑过来看着屏幕，不解地问道。

我再次重复刚刚的动作：刷新——重新输入网址——点击网页。

结果还是一样，只是页面上出现了一行字：请安装 IE 浏览器。

哦，我终于如梦初醒，原来这个复旦天翼网站是需要 IE 程序才能打开，而自己刚刚只想着快点查询成绩，却忘记了这个硬性条件。在知道问题出在哪里后，知道自己不能解决时，我的心突然变得很空很空，那是一种无奈无助的空。

傻坐了一分钟后，我失魂落魄地站了起来，朝着二楼的餐厅走去，脑海里只有一个念头——我要回家，马上回家！回家查你的一模成绩，那个折磨了我整整三天的一模成绩。

"小姐，你的手机忘记拿了。"店员清脆的声音突然唤醒了我。

哦，对哦，我的手机还放在收银台上，我如梦初醒般转过身子，茫然地接过店员递过来的手机。在接到手机的一瞬间，我突然想起，刚刚你班主任说正在帮你查成绩，那她是不是已经查到了？

我急急地打开手机，第一时间找到微信，然后看到里面躺着一条未读信息，不用猜，我能感觉到是来自你班主任的，内容应该就是你的成绩。不知为何，当自己怎么也查不到的成绩如今躺在微信里了，我竟然有种害怕又不安的心情。我微微扬起头，闭上眼睛，深深吸了一口气，随后又屏住呼吸，双手颤抖地点开你班主任的微信，然后一行让我念想了很久的数字出现在眼前——语文：128；数学：148；英语：143；物理：87；化学：56；总分 562 分。

这么低？怎么会这么低？完了！会不会这次考砸了？会不会排名也很靠后？

担心和不安再次席卷我的整颗心脏，我感觉到疼痛！因为我知道，这次一模考不难，比起你们平时的试卷简单很多，而你最拿手的数学没有满分，向来语文不错的你，也只考了这个分数，其余的几门本来就不是你的强项，那么你所有的优势都没有了……

既然你班主任已经查到你的分数，那么全班的成绩肯定都在她手里了，我要知道你的排名，因为只有排名才能真正知道你处在哪个水平！

打开微信，才发现你班主任不知何时又发了一条信息给我：这次小舢考得一般。

考得一般？！这是什么概念？又是什么意思？难道说……

——老师，您的意思是小舢考得很烂？

我惴惴不安地回复你班主任。

——哦，不是很烂。我是说没有之前考得好。

——嗯，这样啊，班级排名出来了吗？

——班级第七，年级 50 名。

看着这个数字，我心里还是"咯噔"了一下，第一个闪现的念头就是：这个排名在区里会是多少？第二个就是我要找谁才能问到区排名？因为这次一模考是区里竞争，你只有踩在别的孩子的肩膀上，才能拿到名校的门票。

——沈主任，能不能帮我查一下我孩子的区排名，谢谢！

五分钟后，手机震动了一下。

我手忙脚乱地打开翻阅。

——区 85 名。

当一切都尘埃落定，我那颗慌乱的心开始渐渐恢复平静。这个成绩我非常不满意！而且相当愤怒！我愤怒的是你根本就没有好好重视这次一模考！但现在再怎么指责你、批评你，都无济于事了，时间不可倒退，考试不能重来。我现在应该让自己彻底冷静，然后思索你这个排名能报哪些学校。最近"中考帮"讨论的话题已从一模考转移到了自主招生，而能成功地参加自主招生或者被预录取，必须要有两个基本条件：第一，是你的一模成绩必须要出彩，越是好的学校要求越高，占区的百分比越少；第二，是有含金量的竞赛获奖。这两者只要有一项要求你能达标，那拿到市重点高中自主招生的门票就很轻松了。而且你的成绩越是优秀，你选择的余地越大，一些相当优秀的学校也可能向你伸出橄榄枝。

对你未来高中的选择，一直以来，我都没有改变过。如果你进不了百川，那就进文渊，至于别的学校，我都不会考虑了。就像当初你初中择校时一样，只有两个选择。

但你这次一模的排名，估计百川很难向你伸出橄榄枝，给你一张自主招生的门票。如果你拿不到这张门票，那么你想提前预录取百川的机会就基本没有，只能靠裸考，而裸考充满着太多的不确定性，这种未知的不确定性让我无端就会产生恐惧和不安。作为母亲，我真的很希望给你一份我能给到你的安全感，当我自己都产生恐惧时，我又怎么忍心看到我的孩子战战兢兢地等待未知的判决?!

你班主任说的一点也没有错，整个初三，这次你的成绩是最不理想的，而这次恰恰是最重要的，你让我情何以堪？

这一切的行为和心理活动都是在楼梯上发生的。我始终没有走进二楼的餐厅，因为我的心思早已不在美食上了，我唯一的念头就是马上回家。所以，在你父亲出来找我时，我就直接告诉他，我要回家。你父亲很诧异地看着我，似乎不能理解我怎么会在这种场合有这样不礼貌的想法。

"一模成绩出来了，我要回家。"我继续重复自己的想法。

你父亲没有回应我，而是继续用非常不满和不解的眼神看着我。他也许真的很不能理解，向来注重场合礼仪的我，怎么会有这样幼稚的行为。

其实我自己也觉得纳闷，为何一涉及你的成绩的时候，我就会如此不理智，如此失态，甚至完全不考虑你父亲的面子和感受。

看着你父亲走进包厢的背影，僵硬又带点愤怒，我愣了一下后，还是选择走了进去。

但是在那里，我变得如坐针毡，心神不宁，有点"度秒如年"。满桌的佳肴对我完全没有吸引力，我的脑海一直快速地旋转，思考着关于你这次一模考后，我该做什么样的规划。以你的这个成绩，我该给你选择哪些学校去投你的简历？你的这个成绩哪些学校会给你伸出橄榄枝？如果这些学校对你伸出橄榄枝，你又有多少胜算？……这些问题如蔓枝一样在我不安和无助的内心蔓延又缠绕，有点透不过气的感觉。

饭局终于结束。一上车，我就直接求你父亲开快点，然后不搭理他问我你的成绩，就开始给你班级女一号的妈妈打电话。

"嗨，周妈你好，你家小周考得如何？"电话一接通，我就直奔主题。

"我们小周这次考得很好，我很是满意。"电话那端传来周妈清脆的声音，通过电波我都能感受到她兴奋又欣慰的内心，能想象到她嘴角上扬，满脸的幸福和骄傲感。

"多少？"我心跳加速，急急问道。

"584分。"

"这么高啊！你家女儿真的好棒啊！"在听到这个数字的时候，我还是很惊讶，前一秒我还在猜测她的成绩，我想再怎么好，应该也在578分左右，怎么也没有想到会是这样的高分，但后一秒心里顿生强烈的羡慕感——如果这个成绩是小舥的，那该多好！唉，他怎么就没有考到这样的高分呢？

"恭喜你家女儿，这次全区第一了吧？"我继续追问。

"是的，不过听说区第二是577分。"电话那端传来准确的信息，看来她早已了解到了一些重要信息。

"这样啊，你家太厉害了！"我由衷地赞美。

"你家小舥如何？"她问道。

"一般，考得不好。"我有点不好意思地说道。

"多少？你家儿子又不会差的略。"那头追问。

"才562分。"

"已经不错了，你要求太高啦……"

我苦笑了一下，并不是我真的要求高，而是你同学妈妈对你没有要求，才会更加凸显我对你的要求。

不过短短几分钟的电话，我基本了解到你班级和你成绩差不多的同学的成绩，他们似乎都没有考过你，不得不承认，我的内心少了刚刚的不安和难受，多了一丝淡淡的虚荣。

挂了电话，我开始打开"中考帮"浏览新的论坛，当然最重要的是想看看有没有本区家长关于这次一模的帖子。让我觉得奇怪的是，今天的"中考帮"竟然一片静寂，感觉不到一丝的人迹。我又急急地打开微信，进入家长微信群，里面更是一片死寂，让我开始以为进了一个假家长群。

好不喜欢这种沉默，感觉明明暗潮汹涌，表面却如一潭死水。

"唉……"放下手机，我深深叹了一口气。

"怎么，还在为小舢的成绩不开心？"驾驶座上你父亲瞄了我一眼，试探地问道。从他的语气里，我还是捕捉到了他一丝淡淡的失落，看来你这次的成绩让平时对你基本没啥要求的父亲都觉得不满意，哦，或者说，你这个从来对大陆教育情况不了解的父亲也从我最近的碎碎念中知道了一模的重要性。

"对啊。"我懒懒地回应。关于你的学习，我和你父亲是完全没有共同语言的，不同的教育理念造就了不同的价值观，所以除了争吵我和他没有更好的方式来聊你的学习。

"又不是中考，你……"你父亲淡然地说道。

"停，停！"我立马制止。用我的小指头都能猜到他下面的话！说真的，我已经很反感了，更何况现在这个时候，不用猜就会迎来一场暴风雨，而我此时根本没有力气和心情来面对这场战争，所以你父亲话还没有说出来，就被阻止了。

逼仄的车厢里，因为沉默变得尴尬。你父亲打开了车载音响，而我放下了座位，闭上了眼睛。

那颗一直紧张不安的心终于在知道你成绩的那一刻疲惫了，是的，不只是疲惫，而且是空了……那是一种你把所有的心思花在一件事上，而这件事突然间结束了，你觉得自己瞬间就失去了一种寄托，没有了寄托，心也随之被掏空了。而我恰恰就是这样，这半年来，我始终都是和你的成绩在战争，我似乎把全部精力都用在怎么让你的成绩越来越出色，怎么让你能顺利地走进名校的大门上。如今我期待了关注了紧张了半年的成绩，第一次尘埃落定，我感觉自己的心似乎突然被抽光了空气，无力而疲乏，瞬间没有了动力。

4　游戏——难道你要的只是一种存在感？

我的心是空了，累了……但我的大脑却反常地活跃，很多关于你的影像如镜头一样在脑海中不断闪现。是的，不得不承认，我还是想揪出那个让你把一模考考砸的"元凶"！

一模考的前两个星期，因为发现你做作业很不自觉，有严重的拖延症，关键还没有定力、心浮气躁，不是下楼拿东西吃，就是跑去厕所说要上洗手间，偶尔还会跑到我房间来，和我说一些无关痛痒的话。我决定把电脑搬到你房间，和你同处一室，嘴上说是为了陪伴你，让你觉得不是一个人在战斗，还有妈咪陪你一起，其实就是为了赤裸裸地监控你！我就不信，在我的眼皮底下，你还能兴风作浪。开始你反抗，但我态度坚决，反抗无效后，你选择妥协。你当然知道我的真正目的，只是彼此心照不宣。

那天晚上，离一模考还有十天的时间。你依然这个点回家，匆匆忙忙地吃完饭，就急急地要去房间做作业。

"小舳，今天作业很多吗？"看着你一脸的疲惫和不耐烦，我小心翼翼地问道。

"嗯。"你从喉咙里低低地嗯了一声，就当做是回答我，然后不再理会我的眼神，自顾自地走向二楼的楼梯。

看来今天你的心情不好，不过似乎最近一段时间你就没有过好心情。我利索地收拾完所有的碗筷，然后削了一盘苹果，走进你的房间。你正低头做着作业，听见脚步声，连头也不抬，一副沉浸在学习中无法自拔的样子，其实我知道，你是不想和我说话，连最基本的寒暄都懒得应付。

我假装放水果来到你书桌旁，偷偷地瞥了一眼你的作业，是一份满满都是题目的物理试卷。

不得不承认，学校也是疯狂的，把"一模是金"演绎得淋漓尽致。这铺天盖地的作业，眼花缭乱的题海战术，真的让人触目惊心！但我永远不会在你面前表现出心疼你的样子，因为我的心疼会成为你放松自己的唯一理由，而目前这个时候，任何让你放松的理由都会被我扼杀掉！

所以，我依旧保持原来的姿态，电脑放在你床上，盘腿坐在地板上，开始敲打我的文字。只是我还是习惯时不时地注视你的背影，出神，发呆。

白炽灯下的你，上半个身子都趴在乳白色的书桌上，膝盖跪在椅座上，不停地来回扭动，"吱吱"的声音是椅轮碾压木地板发出的声音。你说你不喜欢在家坐着写作业；你说在学校里坐了一天，乏味了那样的坐姿；你说跪着写，让你有种越王勾践卧薪尝胆的架势。此时你佝着背，低着头，奋笔疾书。你很用心，很认真，连桌上我给你准备的水果都没吃一口。

孩子，你太瘦了。每次看到你骨瘦如柴的身躯，我的心都会颤抖。也许正因为你太瘦小，怕你承受不了最后的高强度和心理压力，所以我始终希望你能通过一模，提前预录取，这样你就会少一些压力去面对充满不确定性的中考。而且说真的，这种希望是越来越强烈，慢慢地，这种希望也演变成了焦虑和不安，每日每夜地折磨着一个家有考生的母亲。

我怎么可能不焦虑呢？初三了，你的成绩还如荡秋千一样，晃荡着。不管是小考还是大考，我的心都如坐过山车，在云端和地狱间来回奔波。好不容易盼到你的一次好成绩，下一次你又让我连本带利还回去；你似乎没有偏科吧，但是每次考试总有一门科目会拉分，而且还是不同的科目。面对喜欢玩捉迷藏的成绩，我很慌张，不知该从何下手，更无法对症下药，而时间却越来越"瘦"。

夜色越来越浓，我的眼皮越来越重。终于等到墙壁上的挂钟"叮咚"

敲响了，我知道这是凌晨的钟声。平时这个点，正是你写完作业，准备收拾书包的时候。我看了你一眼，正打算走过去问你时，你突然伸了个懒腰，随后一转身，就扑倒在了床上，摊手摊脚，吐出舌头，一副累成狗的模样。

"小舯，写完啦？"我停下敲打键盘的手指，柔声问道。

你瞄了瞄我，没有说话。

我站起身来，朝着你的书桌看了看，那里堆满了试卷和书本，还有摊在上面的作业本，唯独那盏陪了你快四年的台灯，已经熄了，似乎在告诉我——我的小主人已经做完作业了。

我轻轻地叹了一口气，不知道是为你每晚的挑灯夜战感到悲悯，还是为你没有整理书包感到无奈。

"小舯，先去洗澡吧。"我轻轻拍了拍你趴着的屁股，再次柔声说道。

"不洗！"你简单又坚决地拒绝。

最近我发现自己变得特别温和，温和得连我自己都觉得讶异。换作以前的你，看到这么温和的我，你一定会捧住我的脸，仔仔细细地看一番，想看出些什么蛛丝马迹，或者你会用调侃的语气说道："哎哟某人，想做美羊羊了……"但是最近你直接选择无视，选择屏蔽。

想到这，我心头一颤。刻意隐藏起来的情绪，蓄意伪装出来的温和，其实只是把战争调成了静音模式而已。我懂你也懂。

"那好吧，你刷牙洗脸后早点睡吧。"我依旧柔声说道，并开始收拾我的电脑。

"不洗！"你想都没想就直接拒绝。

　　我忍不住皱了皱眉头。有洁癖的我对你不洗澡已经忍耐到了极限，但看你那么疲惫又困乏的小脸，我又实在不忍心，于是也就选择了妥协。但是今晚你竟然开始挑战我的底线——不刷牙不洗脸。

　　"喂，你这个小孩怎么那么脏啊？"我忍无可忍，语气都变了，相当嫌弃地说道。

　　"脏的是我，又不是你。"你快速反驳。

　　我没想到你反应这么快，一下语噎。

　　"你真是脏得可以！"我继续抱怨。

　　"男人脏点又有什么啦，那叫个性，你懂哇啦。"你不咸不淡地说道。

　　我一愣，再次选择了妥协。

　　你睁开一只眼对我瞄了瞄，然后右手对着我挥了挥，示意我可以出去了。

　　我不情愿地拿起电脑，走向门口，在关门的瞬间，还不忘叮嘱道："小舳，马上睡觉哈，已经很晚了，明天还要上学呢。"

　　你依然趴在床上，对我再次挥了挥手，从你挥手的样子和力度，我知道你很不耐烦了。

　　好吧，我早已是你嫌弃的人了，我要有自知之明。

　　半个小时后，准备上床的我，突然鬼使神差地想下楼看看你。当然，我的想法很纯粹，就是想看看你睡了吗，被子盖好了吗，空调有没有关掉（你有鼻炎，不适合长时间待在空调间里）。

　　于是，我蹑手蹑脚地从楼梯上慢慢往下移步，在快靠近你房间的转角处，我看到一丝微弱的灯光。纳闷中，疾步向前，发现你房门半开着，探头一望，床头的台灯竟然亮着，而床上空空如也，你竟然不在！

"小舶！"我疾呼。一种强烈的不安猛地袭击过来，让我突然变得很恐惧，这大半夜你不在床上，去哪里了？

你没有任何应答。

"小舶！"我再次疾呼，边朝楼下快速奔去，三步并作一步。一颗心慌乱地狂跳着，是的，我的脑海里竟然会浮现出你发生不测的念头，该死！其实我知道自己为何第一时间会浮现这种不祥之感，那是因为最近我们都在沉默，因为过度的沉默，我们之间似乎越来越远，我好像突然不知道你的心情、你的想法，我迷失在对你的了解中……

一楼卫生间的灯奇怪地亮着。我虽然很健忘，但还是肯定这盏灯之前是关闭的。因为我有强迫症，每次上楼睡觉之前都会下楼检查全部的灯和门，所以此时这盏本来关闭的灯竟然诡异地亮着，让我吃惊。

随后，我本能地瞥了一眼客厅，茶几上那台你父亲忘记收起来的电脑正闪着诡异的蓝光，似乎在透露些什么见不得人的秘密，以及刚刚发生的事。我似乎明白了些什么，直接就冲进了卫生间。

你坐在马桶上，身子紧绷着，双眼警惕地盯着我。

"小舶，你在干吗？"我尽量克制情绪，直接问道。

"上洗手间。"你理直气壮地回应。

"上洗手间？你怎么不在二楼，跑到一楼？"我质疑。要知道，你平时根本就不会上一楼的卫生间，因为你在这方面有洁癖，只上自己楼层的卫生间，就如你所说，那是你专用的厕所。

"我突然想在一楼上。"你一愣，语气依然很强硬。

"上洗手间，你竟然不脱裤子？"我冷冷地反问。

你身子明显地一僵，脸色一下变了，目光朝着自己的下半身快速地扫了一眼，随后眼里的警惕瞬间变成了惊慌和戒备。我明显地感觉到，你变成了刺猬，一只自卫的刺猬，而身子里的那头小兽正虎视眈眈着，随时准备迎战。

我在心里深深叹了一口气，很痛。其实刚刚我还侥幸地想，你是不是真的在上洗手间，但你慌乱的神情直接打破了我的这份侥幸。

"你到底在干什么！"我瞪着眼，厉声喝道。

我无法接受你在真相面前，不但不主动承认错误，竟然还狡辩，用这么蹩脚的理由来搪塞我。难道你当我真的是傻瓜吗？还是当我是瞎子，没有看到客厅电脑明白表示着刚刚被人使用过？

你再次身子一僵，只是立马无视我的愤怒，悻悻然地从马桶上站起来，朝着我走来，从我身旁走过，又朝着楼梯走去。

看你一副漫不经心的样子，刚刚所有的不安一下就被现在的欺骗所替代，怒火如疯长的野草一样肆虐。我无法再假装温和了，我要撞进你的心里，看看你到底在想什么。我知道停了很久的战争，正如千军万马般卷土而来，而且异常猛烈！

"你到底在干什么！"我一把拉住正想上楼的你，再次怒吼道。

你身子又一僵，没有挣脱，却沉默不语，似乎是默认了自己的行为，却又让我觉得你是在用无声来抵抗我的有声。

"你说啊，你告诉我，这大半夜的，你不睡觉，跑到楼下到底在干吗！"我推了推你的身子，大声质问。

安静的深夜，把我的声音烘托得尤为响亮。我似乎听见一头愤怒的狮子在这栋房子里嘶吼。

你无力地晃了晃身子，双臂垂直，肩膀松松垮垮着，眼神黯淡无光，嘴巴紧抿。

"你怎么可以这样啊！我那么信任你，你竟然背着我玩电脑！你怎么可以这样！"看你沉默，委屈无助愤怒悲凉如狂风暴雨般劈头盖脸地扑过来。是的，我怎么能不失望不绝望不悲痛不难过？我那么信任你，那么心疼你，那么在乎你，甚至用力控制自己的情绪，只为了不影响你的情绪。但是鬼才知道，我最近过的是一种怎样的日子！本以为你真的懂事了，真的把时间和精力都用到了学习上，会认真对待这次的一模考，会争取提前预录，以减轻裸考的压力，但怎么也没有想到，一模考近在眼前，而你却还想着你的游戏，半夜三更不睡觉跑下来玩电脑！

"你说，你到底和谁在玩游戏？哪个同学约你玩的？你是不是在学校都没有认真学习，都在谈论游戏？是不是早就约好今晚要游戏？所以你才会骗我说今晚太累，不想洗澡就想睡觉？你就等着我上楼，然后就可以玩游戏了是吧？只是你怎么也没有想到我会突然下楼看你吧？所以当你听到我叫你，你吓得来不及关电脑，就冲向了洗手间，然后裤子也来不及脱就坐在马桶上，是不是？"我继续推搡着你，一连串的质问，加上还原现场。我实在太愤怒了，如果我今晚不下楼去看你，还不知道你会玩到几点。会不会通宵？或者说，是不是以前在我下楼时候，你都有在偷偷玩耍？这一系列的猜测，让我心头的怒火如浇上了伤心的燃油，越烧越旺。

你依然不反驳不辩解不承认，梗着脖子，身子僵硬着。

看着如此陌生的你，一种前所未有的悲凉涌上心头，那种绝望般的悲凉如魔咒一样裹挟着我，我无力地松开了抓住你手臂的手，哽咽道："小舢，你怎么可以这样让我失望？你怎么可以这样对不起自己？你怎么可以这样啊……"眼泪随之夺眶而出。是的，我情愿你找个强有力的理由来辩解，也不希望你此刻如此沉默，这是一种态度！而且，说真的，我累了……

"妈咪，对不起。"

良久，你终于说话了，虽然声音不高，但是我本来悲凉的内心猛地一舒，你终于表明态度了。

"小舢，你知道我为何这么伤心吗？"看你低头，我泪眼迎向了你。

"因为我偷玩游戏。"你很配合地嘟囔着。

我深深吸了一下鼻子，心头又舒展了一点，我的孩子还是善良和懂事的，至少他知道认错，不管他是不是发自内心，毕竟他愿意低头。

"小舢，对于今天的行为，其实我更在乎的是你的态度。你现在是学生，学生是你的身份，学习是你最基本也是最重要的职责，既然你肩负着这个职责，那么就要用正确的态度去对待它，要树立正确的价值观，这才是你作为学生现在该做的事情。学习，除了让你学到知识之外，最关键的是让你学会一种态度，一种对待自己职责的态度；学会一种价值观，一种让你受益一生的人生价值观。如果你到现在还不明白这个道理的话，那么我觉得你应该好好反思自己了。"冷静下来后的我，心平气和地说道。我觉得有必要告诉你你现在的职责是什么，真正要学习的是什么。

"我知道了，妈咪，我错了……"你再一次低头认错。这一次依然听不出你言语的态度，但是你能第二次低头，让我很意外也很欣慰。

看看已是深夜，再折腾下去估计彼此都会筋疲力尽，考虑到你明天还要上学，关键是一模近在眼前，所以我打算这场战争就此停住。

"睡觉去吧，明天还要上学。"我边说，边推着你上楼。

你愣了愣，然后像木偶般移动着脚步。

"小舳，妈咪知道你最近学习很累，但熬过这段时间，我们就可以稍微休息一下了。"看你有点反常，又想到马上要放寒假了，我忍不住安慰你。其实我还是很心疼你，我也不想让你那么累，但是，孩子，你现在的轻松也许会换来以后大半辈子的劳累。

"没事，大家都很累，如果我不累，就是混蛋！"你突然爆了粗口，虽然声音不大，语气平静，但还是让我心头猛地一颤。

我的孩子怎么了？

"小舳，妈咪只想让你最近坚持一下，好好学习，没别的意思。"我放低了声音，小心翼翼地解释道。不知为何，我竟然滋生了一种恐惧感。

"我知道啊，每个人都在学习，大家都在努力学习，谁也不敢不努力，所以我不努力就该死！"

如果说你的前一句是一句气话，那么这句话无疑像一枚重磅炸弹，直接炸在我的心里，我甚至嗅到了一种危险的气息。要知道你从来不会说出这样的话，你是个特别爱命的孩子，平时让你尝试比较危险的游戏，你都会断然拒绝。今晚怎么说出这么狠的话？我的孩子到底怎么了？难道只是因为被我抓到了玩游戏，闹情绪吗？还是他最近受到了什么伤害？我开始胡思乱想，紧张、不安、害怕如一张无形的大网把我紧紧缚住，无法挣脱。

"小舢，"我一把拉住走在我前面的你，"你怎么了？"

"没什么，就是要好好学习啊！"你淡然回应，依然看不出任何表情。

"是不是妈咪哪里没有做好，让你产生误会了？"我小心翼翼地试探着。

"没有，"你直接回应。只是还未等我心头舒一口气，你又说道，"我不用你管，你只要写好你的小说就可以了，我会好好学习的。"

我心头一沉，看来你对我有意见了。

"小舢，是不是最近妈咪忽视你了？"我再次小心翼翼地试探。

"没有。"

"是不是你感到没有存在感了？"我继续试探。

你脖子一梗，冷冷地说道："没有，我不需要存在感！"语气里明显有了一些情绪，这种情绪似乎是……

我细细品味，努力揣摩。

委屈，抱怨，还有淡淡的自卑。

"小舢，是不是妈咪最近和你沟通少了？"我努力地试探，想找到问题的根源。

"你不是忙着写小说？哪有时间和我对话！"你冷冷地瞥了我一眼，反问。

"可是我不是都陪着你吗？"我弱弱地解释道。

"你确定这是陪？"你眉毛往上一挑，不屑地反问。

我脸刷地就红了，低头掩饰自己的羞愧，嘟囔道："反正我在你身边的。"明显地，底气是不足的。

"你在与不在都一样。"你挣脱了我拉你的手臂，自顾自地往上走去。

我紧跟着你的脚步，走进了你的房间。

"小舳，你什么意思嘛？你对我有意见可以直接和我说啊，你不说我怎么知道呢？"我双手抱胸站在你房门口。

"你不问，我干吗要说？"你钻进了被窝，淡淡地说道。似乎刚刚的情绪没有了，一副云淡风轻的样子。

"我现在问了，你可以说了呀。"我有点不耐烦了，因为只穿了薄薄的睡衣，所以寒意逼得我身子直打哆嗦。

"有毒吧，"你翻了翻眼皮，冒出了一句你们同学之间常用的网络语，随后眉毛又是往上一挑，不屑道，"难道你问了，我就要说吗？"

我一下语噎。看来我最近真的忽视我们之间的沟通了，我自以为减少战争，多点沉默会让你有个安静的环境，能静下心来好好迎战一模考，可结果似乎是错的……

你是睡下了，而我却无眠。

我在思考，我和你到底怎么了？为何会在一模考的前夕发生这样的事情？你说你不在乎我对你是否关注，但又分明流露出一种淡淡的失落和不安全感。还有你这游戏的背后到底是什么？真的只是为了玩而玩吗？但对于你这样有分寸又优秀的孩子应该不会在重要考试之前犯这样的错误，不是吗？

我思绪万缕，似乎明明感觉到了些什么，却怎么都无法理出那个头绪。有点累，很烦躁，猛地想起刚刚你同学的妈妈在微信里给我发了一个视频。我突然有种感觉，这个视频会给我什么启发。

当我好奇地打开视频，开篇的标题就让我心头一震——《我是一面镜子》。我屏住呼吸，认真地往下看。

这是一部纪录片，讲述的是几个"问题"小孩的故事。这些孩子的叛逆让他们的父母欲哭无泪，手足无措，不知该如何是好。视频里，面对自己的孩子时，那些父母的无奈、无措、无助让人心酸，特别是和孩子在争吵时发出的那种撕心裂肺的哭声，把我的心都震颤了，哭碎了。同为父母，怎么会不理解和不懂得做父母的心呢？但在面对那些孩子歇斯底里的嘶吼、反抗时，我再次被震撼到。泪眼模糊的同时，我开始思索，到底是什么让本来最亲的人反目成仇？到底是什么让我们的孩子如此失控？又到底是什么让他们成为被社会甚至被自己的父母都贴上标签的"问题孩子"？

夜深人静有个好处，就是可以清醒地思考。

"问题孩子"这简单的四个字，却是目前我们整个社会的一个关注点和痛点，是让老师头痛，让成千上万的家庭不敢去提及和面对的一个真实的社会现象，更是每个父母心里的一个雷区。

当然，纪录片里的那些孩子的"问题"确实很严重，但我想他们身上这些所谓"问题"的形成肯定也需要一个过程，这个所谓的过程也许恰恰是值得我们每个父母去发现和重视的。父母如果及时发现，并且能妥善地处理，这些孩子就不会被"问题"两个字框死了，也不会让别人戴着有色眼镜看他们了。

而我一直以来的理解就是："问题"孩子就是想和全世界谈判！

但今晚，此刻，因为你，我开始冷静思考，慢慢分析，这些"问题孩子"背后隐藏的到底是什么？是什么让他们愿意或选择去做一个"问题孩子"？

"缺乏安全感"这几个字突然从我的脑海里冒出来。每个人的内心天生就缺乏一种安全感，这种安全感会随着年龄和生活阅历的增长慢慢减少。但我们的孩子，特别是青春期的孩子，他们处在懵懂之中，又是敏感时期，所以他们内心的不安全感会更加明显和突出。人是一种很奇怪的动物，当你整个人处在一个敏感期的时候，你身体里的任何情绪和本能都很容易爆发出来，至少我是这样的，所以我猜想我们的孩子是不是也是这样的。缺乏安全感很多情况下都是因为压力太大，看不到自己的价值，找不到发泄口所导致的。

人一旦缺乏安全感，首先想到的就是找一个人来依靠或找一个物体来强大自己的内心。比如找自己最亲密的人来依靠，比如通过自己的事业或学业中获得的成功来强大自己的内心。如果当这两种都无法实现的时候，安全感的缺乏就会肆意地滋生，而人的本能也许想找寻另一种方式来证明自己的价值。

　　想证明自己价值最简单的方式就是刷存在感。所以当我们的孩子在学校里找不到一种存在感和安全感时，他们首先想到的是自己的父母，想在父母眼里找到自己存在的价值，他们想不管如何，每个孩子在父母眼里都是最重要的吧。可惜孩子忽略了一点，这个社会太匆忙，生活压力太大，人群太密集，关键是很多人都在刷存在感，比如微信朋友圈时不时发条动态的人。所以，也许，孩子的父母一不小心就忽略了他的感受和想法。

　　当孩子在最爱的人身边都感受不到存在感的时候，那么他们做出一些反常的行为是不是也就能被理解了呢？也许一开始只是闹闹情绪，想让父母关注到自己，发现父母还是没有关注到自己时，也许就会想方设法地做一些能引起父母关注的事情。比如，行为的极端反差，比如言语上的打破常态，比如直接复制那些让很多人都不能接受的事件放在自己的身上，更有甚者会不会颠覆自己的整个价值观和性格呢？如果这些还没让父母意识到问题的严重，或者说不去反思自己的问题，而是采用蛮横的方式，比如刚刚的自己，只会把矛头指向孩子，大吼大叫，却不去揣摩和思考孩子突然反常的背后到底隐藏着什么。甚至在沟通的时候，还采用自己是家长的立场，把责任一味地推到孩子身上，那么我们与孩子会不会就越走越远了呢？

　　当然，我不想做一个道德的审判官，去批判别人的父母、别人的孩子。只是今晚，因为你，我的孩子，也做出了让我很不能接受的行为，我才惊觉，我需要思考这个问题。现在看来他似乎还没有什么问题，但我很清楚，今晚也许只是一个警告，一个预兆。

其实你很简单，要的也许就是一种被父母的关注，能感应到来自父母身上的那种安全感，知道自己存在的意义和价值。而我最近突然对你的沉默，是不是也是导致你突然感受不到存在感的原因呢？

一模考就在眼前，你在学校里找不到存在感，或者迷茫和紧张，这都是很正常的。但如果我忽视了你的感受、你的情绪，感应不到你的需求，对你缺少关注，你是不是也会做出一些反常的行为来警告我呢？

一想到刚刚纪录片里的那些镜头，再联想到你在楼梯上说的那两句话，还有冰冷的语气，在开着空调的房间内，我还是忍不住打了一个寒战。

哦，是妈咪不好，平时你父亲很少在家，你很难在他身上得到安全感和存在感，所以你会把大部分的精神情感寄托在我身上，而我却在这最关键的时刻，忽视了你的情感和需求。

孩子，妈咪想对你说声：对不起！

但是，孩子，我最爱的小孩，今晚你玩游戏的原因只是想引起我的关注，找寻到那种存在感吗？

为何，我内心还是觉得隐隐不安呢？

5 真相——我只想要一种成就感！

我拖着行李，疲惫地走出了虹桥火车站。

年底了，工作上的事情特别多，烦不胜烦，却又身不由己。前天一大早我就匆匆地赶去浙江总公司参加年底总结会议。考虑到过几天就是你的一模考,我归心似箭。会议一结束,就订了最早的一班动车,往家里赶。

虽然高强度的会议和来回奔波很疲惫,但想到自己所负责的团队在今年业绩突破,成绩斐然,得到总公司领导的认可,心里一种骄傲和成就感油然而生。又想到马上就能见到你,我沉重的脚步也变得轻快起来。

特地赶在你放学之前到家,这样我就可以去接你放学,想象你见到我时那种惊讶和开心的表情,我心里就美到不行,那是一种幸福感。

我就是在这样一种心境下打开家里的门的。然后看到我的母亲——你的外婆,傻愣愣地坐在餐桌前,摆弄着从乡下带回来的红豆。

"妈,我回来了。"我开心地和她打着招呼。

"哦⋯⋯"你外婆淡淡地回应,连头也不抬一下。

我心里咯噔了一下。

这两天因为这个会议,我特地让母亲过来,帮我照顾你几天。向来开朗的她,今天很反常啊,竟然连我开门的声音都没有听到,喊她都一副有气无力的样子。

"妈,您怎么啦?"放下行李,我凑近你外婆,轻声问道。

"没,没,没什么。"她迅速地看了我一眼,支支吾吾道。

"生病啦?"看她支吾,我越来越觉得有事。

"没有啦。"她挑着桌上的红豆,淡淡地回答。

"家里发生事情啦?"我继续追问。

"没有啦。"她依然否决道。

"那么，"我想了想后，又问道，"是不是小舳惹您生气啦？"

你外婆明显地一愣，然后急急地站起身来，边推开站在她面前的我，边嗔怪道："你说你这孩子，刚回来也不消停，怎么那么多问题呢！"说完，看也不看我一眼，就朝着厨房走去。

"噢，"莫名其妙被母亲数落了一通，有点小郁闷，委屈地解释道，"我不是看您一副心事重重的样子，关心您一下嘛。"

"小舳这两天乖不乖？有没有听您的话？"我假装问道。出去前特地交代小舳要听外婆的话，不知这孩子有没有听进去。

"听话。"你外婆急急地回应，这种语气似乎在隐藏些什么。

"唉，马上要一模考了，我特别担心这孩子，怕他考不好，这样就……唉……"看接你的时候还早，我就走进厨房，和你外婆唠嗑。

"皇帝不急，你这个太监急死也没用。"你外婆突然冒出这句话。

我一愣，翻了翻眼皮，嘟了嘟嘴，气呼呼地说道："是的咯，我天天急得鸡飞狗跳，他一副云淡风轻的样子，似乎不是他考试，而是我考试。"

"孩子叛逆，谁能管得了。"你外婆边在洗菜池里洗着花菜，边说道。

我无奈地叹了一口气，心头涌上百般滋味。

"是管不了，前几天竟然还半夜玩游戏！气死我了！"一想起前几天的事情，我就来火。

你外婆身了一愣，抬起了头，终于看我了，只是目光躲闪，一副欲言又止的样子。

"我真想把电脑砸了！"我依然沉浸在自己的愤怒中，没有发觉你外婆的神色。

"妈，您说我怎么就生了个这样的孩子啊，简直要把我气炸了！"我看了看你外婆，抱怨道。

"亲生的，你抱怨啥！"你外婆把手放在围裙上擦了擦，话锋一转，又说道，"你这个孩子连你都管不动，还有谁能管？"说完，似有若无地瞥了我一眼。这一眼让敏感的我发现了点端倪，也嗅到了一种不对劲的气息。

"妈，您是不是有什么事瞒着我？"我试探地问道。

"没，没什么事。"你外婆闪烁其词，又转过身去水池里洗菜。

"真的没事吗？"我继续试探，"是不是小舢趁我不在家的时候，做了什么坏事？"

"什么坏事？"你外婆淡淡地回应。

"比如，打游戏……"我边小心翼翼地试探道，边观察你外婆的背影。

你外婆的后背明显地一僵。

而我的心开始紧张了！只有我自己心里清楚，刚刚问你外婆的话除了试探，更多的应该是调侃。因为在你上次玩电脑的事件发生后，我就把这台笔记本藏进了保姆房的柜子里，那里堆积着冬季的棉被，还有一些已经不穿的旧衣服，平时这间屋子只有我会进出，最关键是这个屋子的顶灯坏了，而我从来就没有修过……

所以，我那么自信——你不会找到这个地方，找到这台电脑。

但从你外婆刚刚的背影来看，似乎我藏的电脑暴露了，并且被你找到了。

哦，老天！一种强烈的无力感席卷全身，使我不得不倚靠在墙壁上。万种情绪开始沸腾。

"妈，您别觉得这是您爱的外孙，就包庇他，要知道您这样只会害他，他现在可是关键时刻啊！"我无力地说道，努力克制的情绪还是在语气中流露了出来。那是一种害怕一种恨一种想抽人的感觉。

良久。

你外婆终于转过身，双手再次在围裙上擦了擦，然后拉着我的手臂，来到餐厅，紧张兮兮地说道："我说了，你可千万别骂小舳哦，不然他要和我发脾气的。"

"发什么脾气？"

"喏，我和他约定的，只要他以后不玩，我就答应他这件事不告诉妈妈。"你外婆有点难为情地说道，她感觉现在和我说这些，是在背叛你们之间的约定。

"妈，您放心，我不会骂的。"看到老人家吞吞吐吐的样子，急性子的我快要疯了，先稳住她再说吧。

"唉，这个小舳啊，最近我看他的心思是不在学习上啊。昨天晚上，我实在是熬不到凌晨，就说先去睡了。等我再醒过来起夜时，发现小舳房间的灯还亮着，我本以为他还在做作业，就想去看看，没想到，走到他房门前，听到了里面说话的声音，我想这大半夜的他和谁在说话，还是你回来了？等我想推门进去看个究竟时，才发现房门被反锁了。"你外婆虽然叙述得有点乱，但能感觉到她对昨晚的记忆还是很清晰的。

"房门反锁了？"我惊呼。

"对呀，"你外婆瞪着眼睛，似乎回到了昨晚的现场，继续和我描述，"哎哟喂，这下我紧张了呀，一颗心脏是扑通扑通乱跳起来，这个小家伙要把我这个老太婆给吓死了呀。"你外婆边说边拍着胸部，仿佛现在还惊魂未定，"后来嘛，我就敲门喊，里面说话声音一下就没有了，听到一阵窸窸窣窣的声音。"

"然后呢？"我追问。

"然后，他开门了，一张脸一阵红一阵白的，眼神很警惕咯。我这个老太婆也是聪明的咯，我是不会问他在干什么的，我就问他现在几点了，他立马回答我凌晨一点半了。我心想，这个小家伙作死啊，这么晚了还不睡觉，明天五点半怎么起得来啊。"

"他到底在干什么？"虽然我早就预料到了答案，但我还是希望你外婆亲口告诉我，我知道我内心还有那么一丝侥幸，侥幸答案并不是那样的。

"到底在干什么嘛，你知道的咯，"你外婆白了我一眼继续描述，"后来我让他睡觉，我说你妈妈知道后要骂死你了。他就说马上睡了，让我快点出去。我看看他被子都还叠得好好的，就想帮他把被子铺开来，结果我一掀被子，一台电脑还闪着光躲在被子里。"

"我一看到电脑嘛，就什么都明白了，我心里也为你气啊，这个小家伙半夜三更不睡觉，竟然还玩电脑，被你知道了还了得。结果他发现我看到了电脑，就缠着我说以后不会了，让我不要告诉你。我看他瘦小的身子战战兢兢的，脸上都是恐慌，我心就软了，就答应他了。"说完，你外婆偷偷看了我一眼，观察我的脸色。

　　我用力控制住自己喷薄欲出的怒火，放在桌椅上的双手紧紧抓住椅背，青筋爆出。

　　"后来我想想，还是告诉你吧，不然你知道了，要怪死我这个老太婆了，弄不好给我个'包庇罪'帽子戴戴，"你外婆白了我一眼，自嘲道。随后话锋一转，嘟囔道，"不过，这个孩子真的要管管，这样玩游戏肯定不行，很多孩子都毁在游戏上面。你知道那个张阿姨的孙子吗？他就是……"

　　"妈，先不说了，我先去接小觞，不然来不及了。"我急急地打断了你外婆絮絮叨叨的家常，直接奔向了车库。

　　然后突然想起什么，又折回旁边的保姆房，打开那个放满棉被的柜子，熟门熟路地把手插进了其中一层棉被，那一瞬间，手指触摸到了硬质的东西，我知道那是我藏起来的笔记本。哦，不，应该是你重新归还的笔记本。

　　我的心再次揪紧。一种被欺骗的羞辱感裹挟着我直接冲向车库。发动车子，油门一踩，车子像离弦的箭冲了出去。

　　我想抽你两个耳光！今天我不把你打得跪地求饶我就不是人！你的胆子真的越来越肥了，竟敢一次次挑战我的底线！我今晚非把电脑砸了不可，看你还拿什么玩！

　　一路上，我全部的怒气都在体内沸腾，通过喉咙一次次地从嘴巴里喷出来。我知道，体内的那头野兽正虎视眈眈，张着血盆大口，等待着……

　　远远地，我看见你等在校门口的公交车站，背着沉重的书包，踮起脚尖，伸长脖子朝着公交车驶来的方向张望着，然后把本来插在口袋里的右手不情愿地伸出来，低头看了看，我估计你是在看公交车到站的时间。

　　"小舳。"我拉下车窗，冲着你的方向大喊了一声。

　　寒风嗖地挤进了车窗，我身子忍不住打了个哆嗦，刚刚怒火中烧的头脑随之冷静了很多。

　　我看到你一惊，黯淡的眼神一下就亮了，二话不说，边朝着我停车的方向奔过来，边对着我咧开了嘴。

　　我看着你的样子，心底一下柔软了。这是我的孩子，我用生命想要呵护和陪伴的孩子。他正满怀欣喜地朝着自己的母亲奔来，所有的快乐和幸福都写在那张冻得通红的脸上，还有那个长期有鼻炎的鼻子，正不停地抽动着，似乎在努力控制住快要流下来的鼻涕。

　　孩子，如果你知道坐在车里的母亲，正对你充满愤怒，也许还想狠狠揍你一顿，那么你还会以这样的姿势向我跑过来吗？我想你还会，因为我是你唯一的母亲，你对我充满依恋和爱，那是你从小习惯依恋的怀抱。可是，我的孩子，既然你是爱我的，你为何要做出如此让我失望悲痛的事情呢？你为何要这样伤害一个真心为你好的母亲的心呢？

　　你玩游戏到底是因为什么？真的只是因为玩？还是找寻存在感？如果只是为了找寻存在感，那么我不在家的时候，你不会玩才对，可是你还是玩了，那么这到底是为什么？！

　　关键还是偷出来玩！

　　我很难过，心绞痛着。疲惫加上刚刚情绪的崩溃让我忍不住叹了一口气，闭上了眼睛。

"老妈，你怎么了？"你不知何时钻进了车子，正凑近我用疑惑的眼神盯着我的脸，我能清晰地感受到来自你鼻腔处呼出的温暖气息，还有你特有的洗发水的味道。

我睁开眼，叹了一口气，重新挂挡，然后缓缓行驶，自始至终都没有看你一眼。

从后视镜里看到你自讨没趣地靠在了后座的椅背上，眼睛巴眨巴眨着，似乎在想我到底怎么了，自己哪里惹我生气了。

没过几分钟，你再一次从后面凑近我，嬉皮笑脸地找话题："老妈，你怎么回来了呢？"说完，把手放在我的肩膀上，帮我按摩。

"我不回来，你就可以玩游戏了，对吧！"我根本就不吃你这一套，直接回应，语气中充满了火药味。

明显地，感觉到你放在我肩上的双手一僵。

"你这话是什么意思？"你不满地质问，语气里带着警惕。

"不好意思。"我冷冷地回应。

是的，你一定觉得外婆不会出卖你，毕竟你们昨晚有过君子约定，毕竟她从小很爱你，所以你第一反应是我在试探你，因为你的前车之鉴。

"我不是不玩了嘛……"你坚硬地说道。语气中却透着心虚。

"哼，要想人不知，除非己莫为。"我冷笑道。

你黯然地从我的双肩上垂下了双手，整个人无力地靠在了后座上。

良久，你才低低地反问："外婆都告诉你了？"

我能感受到你语气里的不确定，你还是觉得外婆应该不会背叛你。

"你犯了错误，还想拉外婆下水，成为你的同谋？"我看穿了你的小心思，眼睛冷冷地看了一眼后视镜里的你，讥笑道。

当最后的一层遮羞布被我狠狠地扯开，我从后视镜里看到你的脸上竟然写满不羁。你双手交叉地抱胸，跷着二郎腿，下颚微扬，脸转向了车窗外，一副你爱咋滴就咋滴的架势。

我的怒火就是在你这种不屑的神情中再次点燃，内心的那头野兽发出了嘶吼。

"小舳，你实在是太过分了！"我咬牙切齿地骂道，"你竟然敢偷电脑出来玩，你简直贼胆包天啊！

"你，你怎么会是这样的孩子！你真的让我太失望了！你不但一次次挑战我的底线，而且还犯原则性错误，你简直……"我气得有点语无伦次，"你简直不是人！

"你是不是不想读书了？如果你不想读书直接和我说啊，我现在就可以给你班主任电话，明天就给你办退学，然后你就可以天天在家玩游戏，玩个天昏地暗！"

吼完，我从后视镜偷瞄了你一眼，你依然保持刚刚的动作，一副事不关己的样子。

我本以为把你班主任搬出来，你会害怕，你会认错，只是没想到，你竟然这么笃定，要知道，你最怕的就是老师，做惯了老师眼里的好学生的你，怎么可能拿你的美好形象开玩笑？

看来你知道以我这么爱面子的人，打死都不会打电话给班主任，拆自己的台。真的是知己知彼，百战不殆啊，我以为我早已把你掌控在手心里，没想到自己也早就被你看得透透的。

沉默，我在思考要不要赌一把，出其不意攻其不备。

右手边就是一个洗车场，我方向灯一打，用力一转，车子就拐了进去。

后视镜里的你，脸一呆，迅速地惊讶地瞄了我一眼，却没有说话。沉默，于你而言是一种自我保护的方式，是想让我唱独角戏，更是让我不战而败的唯一手段。

我鼻子冷哼了一下，你的沉默，我决定要打破，就这个时候。停稳了车，我打开蓝牙，开始在车载 DV 里翻找通讯录，在翻到你班主任的电话时，稍微停顿了一下，偷瞄了一下后视镜，果不其然，你双眼直直地看着我一系列的动作，脸上露出紧张和不敢相信的神情。

你当然不会相信，我会打电话给你班主任，更不会相信我会弱智到和班主任说这么幼稚的问题——孩子不听话，直接让他退学？

我也不相信自己会这么傻，但我需要去赌，赌我在还没有按下号码时，你就开始发声阻止。

但你没有！你只是用如刀一样的眼神紧盯着我，缄口不语。你谅我也不敢按下这个号码，自讨没趣。

我后背一阵阵发凉，手心里却都是汗。

我还是按下了，逼仄的车厢里电话"嘟……"的声音尤为清脆，一声声撞击在我和你的心上。

——我打赌你会在你班主任还没有接起电话前就阻止我。

"你有毒啊！"你大吼道，声音直接盖过了电话的"嘟"声，身子猛扑到驾驶座上，右手慌乱又用力地按在我的车载 DV 上。

声音没了！我赢了！

"怎么？"我双手抱胸，斜过身子，半边眉毛一挑，讥笑道，"害怕了？胆怯了？你不是胆很肥吗？你不是很自以为是吗？"随后不等你有反应，就厉声道，"你有胆量玩游戏，难道就没有胆量来面对自己犯下的错误吗？既然你没有能力去面对自己的错误，就不要去犯错！"

你下巴固执地扬着，瘦弱的脖子青筋暴露，一双眼睛和我对视着，里面是燃烧的火，我猜你的小兽早已蓄势待发。

"怎么，一个敢玩游戏却不敢承认，一个出尔反尔、言而无信的人，还有理由给我脸色看？"我继续嘲讽。

是谁说的，想要激怒一个人，就不停地触碰他的底线。我此时的愤怒让我根本无法理性思考，我就是要挑战你的底线，就是要打破好不容易维持了小半年的和谐，和你内心的小兽来一场酣畅淋漓的战争。是的，今天我一定要知道你为何在这么关键的时刻，还把时间浪费在游戏上？你到底想要得到什么？

"是，是，是！"你终于忍不住了，公鸭般的嗓子扯得都能听到撕裂的声音，"我是出尔反尔，我是言而无信！"

"你为什么出尔反尔？"我追问。

你又开始紧抿嘴巴，脖子梗着看向窗外。

"怎么？你言而无信，出尔反尔还有理是吧？是不是觉得很冤啊？是不是觉得很委屈啊？是不是想哭啊？"你的沉默助长了我的怒火，火苗肆意席卷。

让我意外的是，你突然转过头狠狠瞪了我一眼，立马又转向了窗外。

虽然只是一秒，我还是看到了你发红的眼眶。

我心头又是一紧。在迎接一模考的那段日子，我们之间似乎熄战了，似乎相互包容了，除了前几晚因为你玩游戏，吵了一下，不过那晚的战争也很快被我熄灭了。我是如此害怕战争会影响你的心情，影响你的一模考，所以有再多的不满和怨怼都压在了心里，不敢轻易爆发。但今天，当我知道你再一次犯了这个让我如此痛恨的错误后，我真的无法说服自己来控制情绪，所以，孩子，对不起。

——请接受一个发怒母亲对你发起的战争吧！

"哭，哭，哭有用吗？能解决问题吗？如果知道自己要哭，昨晚何必要犯错！"我咄咄逼人，不依不饶。

"你知道现在是什么时候吗？一模考了呀！你以为你还有时间可以浪费吗？你以为这次只是一次普通考试吗？你以为你还可以用你的小聪明就能取得好成绩吗？我告诉你，做梦！做白日梦！"如机关枪一样扫射，让你应接不暇，这是我和你作战时惯用的手段。

"别人都在努力，你却在放纵，你对得起这一年来的起早摸黑，挑灯夜战吗？"

"一模考怎么了？"你突然嘶吼道。把正沉浸在自己情绪中的我吓了一跳，反应过来发现你的双眼涌满厌烦和怒气，那头小兽直接从你的眼睛里一跃而出。

"你又不是我，你怎么就知道我没有努力？你又怎么知道别人都比我努力？你是有看到还是别人告诉你了？你总是用你的眼光和思维去评判一件事，你不是我！凭什么说我不努力了！凭什么！"

你歇斯底里地嘶吼，眼睛直视着我，没有敬畏感，有的只是怒火。

"凭什么？"我气急，错误面前你不好好认错，不好好反思，竟然还和我杠上了，"就凭你玩电脑！"

"玩电脑怎么了？玩电脑就能证明我没有努力、没有好好学习了吗？"

"玩电脑能好好学习吗？你是努力，但是努力的是怎么找到我偷藏的电脑，怎么在半夜三更玩游戏！"你越反抗，我越暴怒，特别是听到你仍在不断为自己的错误辩解的强词夺理后，情绪到了巅峰。

"你把全部的心思都放在游戏上，你还有精力学习吗？你半夜三更不睡觉，你白天上课还有精神吗？请问！"

"你们大人不也是玩游戏吗？"

我一愣，不知为何你会把矛头指向了大人？不过下一秒，我就变得很淡定，因为我从来不玩游戏。

"别告诉我你不玩游戏，"你似乎知道我要说什么，直接把我想说的话说了出来。随后话锋一转，"你只是不玩我在玩的游戏而已。"说完，你冷冷地盯着我，眼神里充满了挑衅，而且似乎在等待看我的好戏。

你说的一点都没有错，我只是不玩你在玩的网络游戏，但我的手机上也下载了游戏，比如"消消乐"，比如"麻将"。当我无聊的时候，我会进去玩几局，消磨时间，但更多的原因恰恰是我工作压力和写作压力到了一个极限的时候，我会放下所有的工作和写作，然后把自己丢在这些小游戏里。明明知道这不能解决工作和写作的问题，但是我就是愿意沉浸在这些小游戏里……

"我们玩游戏，只是为了缓解工作压力。"我解释道。

不知为何，我突然觉得自己的这句话似乎站不住脚，总觉得你突然把矛头指向大人，是有目的和原因的。

"那我玩游戏也是为了缓解学习压力！"你冷冷地说道。

"缓解学习压力的方法有很多种，不是吗？你为何要选择玩游戏？"我质问。不得不承认，刚刚到了巅峰的情绪竟然因为你的这个问题渐渐消退了，我感觉一个真相似乎要浮出来了。

——你到底为何一而再、再而三地玩游戏？

"缓解工作压力的方式也有很多种，你们为何也会选择游戏？"你反问我。

看着你双手抱胸，眉眼微冷，语气平静却咄咄逼人，我才发现好久没有和你对话，你又长大了，你的思想绝对不是我轻易能解读和掌控的了。我一直认为是我在让你成长，在找寻真正解决问题的路，此时，我突然有种预感，也许是你在让我成长，在带我找寻解决问题的路。

我也开始反问我自己——为何面对工作和写作瓶颈时，我不会第一时间想怎么去突破这个问题，而是选择逃避呢？

因为我害怕，因为我对未知充满了恐惧！

当我突然意识到这点的时候，身子猛地一颤。是的，每次在我不能突破的时候，我首先开始怀疑自己的能力，然后内心莫名产生一种害怕，害怕去面对自己似乎不能解决的问题，最后是恐惧——一种在看不到结果或成果时，对自己的能力产生质疑，对未知所产生的深深的恐惧感。这种恐惧感的最深层就是害怕面对事实——自己的能力真的无法突破瓶颈，或者自己再怎么努力也无法得到自己想要的结果。

如果我是这样的，那么我的孩子呢？我把目光射向了你的脸，这一次眼里带的不是怒火，而是一种希望，想要走进你的内心，知道真相的一种强烈的愿望。

我困难地咽了咽口水，小心翼翼地试探道："你害怕？"

对于我的目光你依然没有逃避。

你点点头。眼神里竟然流露出了儿时的那种无助。

我的心一紧，疼痛感又席卷而来。

"害怕什么？"我整个人瞬间柔软了下来。

你愣了一下，紧抿了嘴巴，眼神又投向了窗外。你不想说还是不敢说，还是……我猜你是想说，只是作为已经长大的孩子，你不愿意把自己内心脆弱的一面展示在别人面前，或者说你根本就不想让别人看到你内心真实的东西，哪怕这个人是你的母亲，你都有所顾忌。

"小舳，"我舔了舔干涩的嘴唇，因为刚刚的怒火，我感觉自己喉咙发紧，但还是轻声试探，"你害怕自己一模考不好是吗？你担心你所有的付出到最后达不到你想要的结果是吗？"

我发现你身子一颤，被半高领的羊绒衫包裹的喉结滚动了一下。如果我没有猜错，我猜中了你最担忧的问题。

"孩子，"我再次咽了咽口水，"其实这没什么，妈咪也会碰到这种问题，也会害怕，也会恐惧。"

不知为何，在说完这句话的时候，我突然眼眶就红了。我以为是因为想到了自己那时的心境，其实是强烈的母爱在泛滥，我怎么忍心让我的孩子去面对恐惧啊？

　　"妈咪。"你终于转过头，眼神怯怯地看着我，叫我。自从你上了初中之后，你对我的称呼从"妈咪"改成了"老妈"，偶尔在我强烈的要求下或者你想达到某种目的向我撒娇时，才会称呼我"妈咪"。而这个时候，你称呼我"妈咪"，不但把我的心叫软了，而且也叫痛了。

　　孩子，你是有多害怕？

　　"我真的努力了，你相信我。这个学期我真的已经努力了，在学习上花了很多时间，也用了功，可是……"你嘴巴一瘪，似乎要哭了，但还是强忍住，话也就没有再说下去。

　　"小舶，你是不是觉得自己付出了那么多，努力了那么久，却似乎看不到或者根本得不到努力后的好结果？"我试着把你想要说的话，说了出来。

　　唉……一声好长的叹息，似乎把整个世纪的无奈和无助都包裹在里面，从心口吐出来。

　　"是的，昨天物理考试我又没有考好，但是我明明前段时间很努力地复习了物理，上课也很认真听老师讲了，但是为何还是没考好？"叹息过后的你，开始絮叨压抑在你心头的话。

　　"还有，前几天的英语测试，我明明感觉自己做得很好，但还是没有考过我的同桌，还是差了两分，英语老师虽然没有批评我，但是我心里好难过啊！"你继续说道，眉头越蹙越紧，双手开始随着说话的情绪摆动。

　　"妈咪，你说，我是不是真的只是这个水平了，不管我再怎么努力，再怎么用功，我的成绩就是这样了？我，我……"你很愤怒，情绪很激动，双手握成了拳头，一下砸在了后座上，颓废地说道，"我很没有成就感！我根本就找不到成就感！"说完，你眼巴巴地看着我。

你这个眼神，这种神情，像极了小时候的你，那么的无助和无奈，不知所措。我的心如被刀刺开了，疼！硬生生的疼！对面是我的孩子，我最爱的小孩，他现在亲口告诉我他很害怕，他没有自信心，他开始怀疑自己……

我深深吸了一口气，努力憋住快要流出来的眼泪，语重心长地说道："小舢，学习本来就是需要不断积累的，它是一个漫长的过程，这个过程痛苦的地方就在于需要你不断地突破自己，才能摘到真正的果实。"

"它不像别的，只要你付出了，立马就会给你回报，得到一种内心的满足感和成就感，比如……"我突然住了嘴，因为想起了你打游戏。

难道说你打游戏是因为想得到一种成就感？一种在学习中得不到的成就感？

我醍醐灌顶！

没有错，我在逃避的时候，会打游戏，就是因为我想在游戏里得到一种满足感，一种成就感。有时候输了，我会骂人；赢了，我就会感到兴奋，内心的虚荣被满足了一下。而且会一直玩下去，直至我不想玩为止。好在我是个对游戏不热衷的人，不然也许我会和你一样。

记得有一次，看到你父亲又在玩"全民打飞机"，我实在忍不住就问他："你每次回来就玩这个游戏有什么价值吗？"他很直接地回答我，在游戏中他得到了成就感。

那么，我的孩子，你是不是也是这样的呢？

"比如打游戏……"我把刚刚没有说完的话，再一次说了出来，而且眼睛直视着你。

你身子明显地一愣，偷偷看了我一眼，低下头不吱声。

"你打游戏就是为了找寻一种成就感？因为游戏总会在第一时间对你的表现和付出给予奖励和肯定？因为在游戏中你才能找到自己存在的价值？"我试问道，语气有点情绪。这种情绪已然不是之前的怒火，而是感觉马上要揭开真相前的一种激动和兴奋。

这一次，你主动抬起头，看着我，点了点头。

"妈咪，对不起！我知道我这样做该死，我不该不考虑你的感受，不该在这么关键的时刻还玩游戏，更不该偷拿你藏的电脑，"你低声认错，随后又说道，"但是我真的很害怕，很害怕自己只能是这点能力，害怕自己根本无法突破自己，所以我想到了游戏，我想通过游戏来测试和证明自己，自己的潜力到底有多大？自己到底行不行？而在游戏中我得到的成就感让我知道，自己是可以的，真的可以的，我还是学霸！"你没有嘶吼，但是我知道你的内心在嘶吼。

我终于知道，原来不只是大人，孩子也随时需要成就感。面对你，我亲爱的小孩，我知道现在说再多的大道理，给你再多的心灵鸡汤，都没什么用。当然，我不会因为让你不再害怕，满足你的成就感，就同意让你继续玩游戏——这是原则问题，这是不能突破的底线。

面对你内心的嘶吼，我也开始嘶吼。作为我，一个母亲，面对今天缺乏成就感的孩子，我该用何种方式去唤醒孩子的少年魂，激励他，真正点燃他内心的火种，让他在虚拟中得到的那种成就感也能在现实中得到？这是一个沉重的问题。

　　看着夜色笼罩下华灯初上的城市，还有车里抱着沉重书包、满脸不知所措的你。哦，我亲爱的小孩，别怕，路再远，妈咪在你身边陪你一起走，当我跟不上你的脚步时，我会注视着你的背影，目光永远不离不弃，愿你出走半生，归来仍是少年……

学霸加油站

1. 管理好情绪：拥有好心态，懂得知足，是打败消极情绪的好方法。比如：每天哼哼歌，听点音乐；作业比昨天少一点，就觉得开心；饭菜吃得好一点，就觉得幸福；老师表扬一下，就觉得自己棒棒哒……

2. 管理好时间：制定时间表，把时间分配好。在校，争取做完所有的课堂作业；在家，每门功课都有一个时间表，要求自己在这个时间段内必须完成，遇到难题先放放，绝不浪费时间，然后等作业做完后，再花点时间去攻难题。每天睡觉之前尽可能阅读一两篇课外文章，这样有利于睡眠。

3. 管理好学业：根据自己的实际情况，把科目分成重、中、轻。重的科目是自己比较弱的科目，除了上课认真听讲之外，更要做好笔记和错题整理，每天拿出来看一点，加深印象，碰到不懂的，学会主动去问老师或者同学；中的科目是自己相对不稳定的科目，这种科目先要分析自己为何不稳定的问题，然后在这些问题上来回琢磨，做一些相似类型的题目，加以练习和巩固；轻的科目是自己的强项且稳定的科目，只要上课认真听讲，无须花太多时间在上面，偶尔找些难题练练手即可。

第二章

世界上最难的选择是——放弃

不是每一种拥有都是幸福，比如等待。这是一种内心无比挣扎的煎熬，是一种让心脏始终处在苟延残喘的病症。作为母亲，我不但要自己学会成为心脏手术的清洁工，也要让我的孩子成为心脏手术的清洁工。因为心病是心魔，心魔只能靠自己救赎，心病只能自己医，谁也帮不了你。这个时候，我总是问自己，我最热爱的是什么？愿不愿意为了这份热爱快乐起来？答案是：我最热爱的是我的孩子，我愿意为了我的孩子快乐起来！换一种思路去看等待，也许它真的就是幸福，比如等待我们的孩子慢慢长大……

1 选择——谁会为你伸出橄榄枝?

一阵轰鸣声,飞机稳稳地降落在浦东国际机场。一米阳光下,这座城市尽收眼底,它对我来说是熟悉的,也是陌生的。从我呱呱落地就知道这座城市,它是我的根,我的家乡,但我却总是后觉于它的成长,它什么时候变成这样的呢? 一不小心就会惊艳我的双眼。

转头看到你,我亲爱的小孩,这个流着海峡两岸同体生命之血的少年,头微侧,半睁着眼睛,看着舱外。你已经不再是那个懵懂又好奇的小孩了,不会像之前那样,用一双好奇的眼睛打量这个你一直生活的城市。你长大了,也陌生了,那不屑的眼神里装满了不羁和秘密,还有我永远解读不了的 00 后的世界。

这个寒假,你以全区 85 名的成绩,顺理成章地拿到了文渊学校的冬令营邀请函,然后在春节前夕你兴致勃勃地去参加了他们的冬令营。这个所谓的冬令营，一来是让你们了解文渊的人文，二来是测试一下你们实际的学习水平。记得那天你是兴高采烈地进去，然后垂头丧气地出来的。不用问，肯定测试没有考好。不知是出于一种怎样的心态，我当时竟然没有说你什么，而且内心还喜滋滋的，看来我还是有百川学校的情结。总之，冬令营结束后，又连续上了十天的补习班，你才迎来了真正意义上的寒假。

春节前夕，我们一起回了你奶奶家，然后在你奶奶的宠爱之下，你突然狡黠地挣脱了我的手心，成了断了线的风筝。你整天整天地浪在外面，你没有手机，我联系不上你，我唯一获得的信息只是你去的地方——你姑姑家！至于你在做什么，做了些什么，我一无所知。我只能盼天黑，盼你这只风筝会归巢，至于几点归来，却要看你这只风筝的心情。也许一时兴起就不回来，栖宿在姑姑家了。而我却毫无办法。其实我怎么会不知道你的小心思，家里因为只有你奶奶住，当然没有网络，而你好不容易盼来了寒假，怎么会就此放过玩游戏的机会？去有网络的姑姑家，是你每天不着家的唯一原因。不得不承认，那段时间我很抓狂，很讨厌，但我又不能表现出来，因为你是奶奶唯一的孙子，难得回去，她恨不得把全部的宠爱都给你，如果我对你管得太严，惹她老人家不开心，那我的罪过就大了。所以你很聪明，我很无奈、很压抑。

终于重新踏上了这块土地——我的城市，你生活的地方。你又将面临做不完的作业，刷不完的题，听不完的唠叨，所以你眉头微蹙，一副郁郁寡欢的样子。而我终于再把风筝线攥在了手心里，心里很踏实，但是另一番纠缠又将涌来——面对马上要开放自荐报名的学校，我该为你选哪一所呢？

你一开学，我似乎也开学了，再一次回到"中考帮"的队伍。那里静寂了一个春节，又开始沸腾了，所有的论坛都在讨论自主招生的话题，满屏都是不同学校的介绍和家长们的声音。

——一模成绩在全区前 0.01%，要不要去冲一下四大名校？

——听说四大名校的 B 校比较适合理科生，不知消息是否准确？

——我家娃就是不肯去百川，说要去冲一下四校，但又怕自己能力不够，怎么办？

——唉，我家娃这次一模考砸了，看来只能去一般的学校了，郁闷……

——听说这次门票都给的很多，所以还是试试吧，万一弄好了也许就进去了，还是要给孩子机会。

——请问哪些学校当日会有重考啊？

——自主招生的题目是不是很难？听说都是超纲的。

——不太可能吧，现在国家要求减负，题目不会超纲，最多会有一些竞赛类的题目……

——听说有些学校还会有面试，都不知道面试些啥！

——听说，很多孩子在初二的时候就开始上自主招生的培训课了，太恐怖了！

……

自主招生培训课?

这是什么鬼? 当我看到这条信息的时候, 心里打了一个大大的问号。 "自主招生" 这四个字, 在你初三之前, 我根本就不知道它的存在, 后来你进入初三, 我开始有意识无意识地接触到它, 但对于我来说, 其实还是陌生的。

——说白了, 自主招生就是各校和我们的娃组织一次 "相亲"。 (一位家长在后面跟帖, 还有趣地称之为 "相亲"。)

——哈哈, 形容得很贴切, 就是一次相亲, 彼此认识一下, 看看能不能对上眼。

——对于牛蛙来说, 是相亲, 彼此都有好感; 而对于我们青蛙来说, 只能是暗恋, 祈祷学校能看我们一眼, 给我们敞开怀抱。

——唉, 牛蛙有牛蛙的烦恼, 青蛙有青蛙的痛苦。 全市那么多牛蛙, 竞争那么大, 能不能被看上眼也是个未知数, 相亲的成功率又有多大呢?

——总比我们青蛙好吧, 我们也许连暗恋的资格都没有呢……

——牛蛙都是抢手货, 好多学校都抢着要呢! 就怕牛蛙对他们不来电。

——唉, 那我们这些青蛙怎么才能拿到暗恋的资格, 成为相亲中的一员呢?

——这简单啊, 只要你一模的成绩够牛, 只要你的简历够丰富, 只要你运气够好, 哈哈……

——成绩够牛，简历丰富，这不是牛蛙了嘛，真是的。

——那就你运气要好。如果牛蛙看不上这所学校，学校又招不满参加自主招生的名额，就可能会给青蛙机会。但前提是，你这只青蛙也要与众不同，比如有别的学生没有的特长，现在的学校不只看成绩，还看孩子的综合能力，所以这也是一个筹码哦。

——唉，羡慕那些牛蛙啊！

——羡慕啥，牛蛙心里也悬着呢，你说有相亲的资格吧，但相亲的内容是什么？以何种形式？怎么让学校产生好感？怎么在这么多的竞争对手中脱颖而出？

——你们这些牛蛙青蛙纠结啊，像我们这种蝌蚪，索性也就不纠结了，反正什么自主啊、推优啊都轮不上，就安心裸考，考上什么算什么吧。

看到这位家长的跟帖，我心里"咯噔"了一下。没有错，往往选择多了，反而就迷茫了，索性没有选择，直接等待结果，也就不会有那么多纠结了。

——裸考？千军万马挤独木桥啊，这风险很大啊！

——要我说，能提前预录就提前预录，我的心脏可经不起这么长时间的折腾。

——是啊，是啊，每天神经兮兮，做什么事都没心情，吃什么都没胃口，这种折磨真的一分钟都不愿意等下去啊……

——听说，这次学校之间为了抢生源，自招的时间都放在一起，这样的话，我们选择的余地就小了很多。看来学校之间的竞争也很激烈啊！

——先不要去管是不是时间上冲突吧，还是先投简历吧，多投几所学校，就多给自己几次机会。

——对的，我们家的青蛙也是这么想的，反正投简历又没关系，管它四大天王八大金刚十八罗汉的，反正都投一遍，总有一家会给我们青蛙伸出橄榄枝，哈哈……

——大家知道这些学校什么时候开通报名网站吗？

——快了，估计就在最近吧，随时关注各个学校的官方网站，上面会有通知的。

……

我知道这些消息的背后都隐藏着一个和我同样焦虑不安的家长。虽然中考的战役还未打响，但马上要面对的自主考绝对不亚于中考的难度。对于一些成绩优秀和中上的孩子来说，这是一次不可多得的机会，是可以让自己提前踏进心仪学校的机会，家长们很重视，孩子们也很在乎。

自主招生是全市竞争，惨烈之度就可想而知了。作为你，一个郊区的孩子，一个完全没有参加过自主招生培训的孩子，一个一模考得不是很如意的孩子，你自主招生的方向在哪里？你的锭锚在哪里？

我站在办公室的窗前，看着窗外的落叶翩跹起舞，在冬末的寒风中你追我赶，我不由得地搓了搓手，犹如揉搓那颗起了很多迷茫褶皱的内心。论坛里的每个家长似乎都很不安和焦虑，但又明明透着一种不甘心，这种不甘心除了对自己的孩子自信之外，我不知道是否还隐藏着某种别的东西。总之，它影响了我，影响了我一开始的打算。我对于你未来高中的选择很简单，最好就是去百川，如果百川进不了，就去文渊，其余的学校一概不考虑。但看到这些家长们的信息后，本来还算坚定的心开始明显地动摇了。

不能在一棵树上吊死，万一百川和文渊都落空了呢？万一比百川更好的学校向你伸出橄榄枝了呢？万一你更适合别的学校呢？

在这一系列的假设中，我除了在一些比较优秀的学校网站疯狂地浏览和了解之外，就是给一些同学的妈妈打电话，想获悉她们的孩子对学校的选择。当然，我找的都是和你平时成绩相差不大的同学，这样比较有参考性。

在这个过程中，我发现别人家的妈妈和我一样，都像无头的苍蝇，不知道方向在哪里！看来这个过程只能靠自己摸着石头过河了。

"哎呀，我也不知道给闺女报哪里，反正文渊肯定是不会放弃的，这是底线。四大名校嘛不敢冲，但又不甘心，所以应该会选择其中一所试试，反正报了又不会因为你成绩不好把你列入黑名单，"你同学的妈妈嘿嘿地笑了，继续唠嗑道，"八大罗汉肯定是要选择几所试试的，你说对吧？"

"其实我还是希望小舳去市区的学校发展，平台好，视野也宽阔，人脉也会拓展，一直待在郊区不好，"我由衷地说道，"八大罗汉中我只看

上了百川，但是百川这两年势头很猛，估计很难进，四校嘛，估计进去
了小舢都很难跟上，不敢想。其余的七大罗汉，我感觉没啥意思，还不
如我们区的文渊呢。"

"你家小舢你担心什么啊，随便考考文渊都能保底的，你担心个啥？
换作我，肯定不担心，四大名校一定去冲，八大罗汉怎么着也要报几个
吧，如果这些都不录取，那是那些学校的损失，你家儿子不会损失什么，
怎么着也有文渊保底吧……"你同学的妈妈絮絮叨叨着，满嘴都是夸赞
你的话。

我知道，关于自主招生这件事，谁都帮不了我。因为每个家长都像
无头的苍蝇，不知该何去何从，大家都没有经历过，都不知道这水到底有
多深！看来我也只能摸着石头过河，至于会不会被淹死，不得而知。

"别再夸我家小舢了，你家姑娘不比我家差的，你到时报了什么学校
和我说一下哈，我这个人没脑子的，消息也不灵通……"两个同样没有
经历又焦虑的妈妈是得不出结论的。

挂了电话后，我拿了一张A4纸，把相对有影响力的学校逐一罗列在
纸上，然后把每所学校的优劣都写了出来。当然排在第一的还是百川学
校，它的优势我写了很多，而劣势却只有一句话：竞争激烈，压力大。

晚上，等你做完作业，再一次想不洗澡躺在床上时，我假装做出神
秘兮兮的样子和你说道："小舢，先去洗澡，等一下妈咪给你看一样东
西，怎样？"说完，我还对着你挤眉弄眼。

"什么？"你翻了翻眼皮，寡淡地问道。半夜十二点，除了床，估计

没有什么对你有吸引力了。

"保密，等你洗完澡再说。"

你又白了我一眼，翻了个身，抱着枕头，嘴里嘟囔道："切，不就是骗我去洗澡嘛……"

"让你去洗澡还需要骗吗？真是的。"我白了一眼床上的你，咕哝道，不过下一秒就尴尬了，还真是，这一年你洗澡这件事似乎都是在我半骗半吼之下完成的。

"哎呀，骗你是小狗啦。我保证，这次没有骗你。"看着你无动于衷的样子，我又急又羞，开始发誓开始撒娇，甚至开始去床上拖拉你的身体。

我当然急啊，那么晚了，再和你折腾下去，都不要睡觉了；我也羞愧，因为我貌似又骗你了，让你洗澡除了满足自己的洁癖之外，这次又多了一层用意，想让你在清醒中选择学校。

"不去，我要睡觉啦……"你闭着眼睛，冷冷地回应，脚一蹬，脱离了我的双手，然后索性把被子一掀，整个人裹了进去。

"哎呀，小舶，妈咪保证，这次真的不是为了骗你去洗澡的。你想呀，你脏又不是一天两天了，我早就习惯了，反正我又不和你睡，对吧！那你觉得我还有必要骗你吗？真是的。"

良久，你突然从被窝里探出头，不怀好意地说道："要不，你求我？"

"你！"我被你气得双手叉腰直跺脚却毫无办法。有什么办法，谁让我有目的呢？"小舶，妈咪求你了……"我假装低下头，语气诚恳得我自己都怀疑。

你硬是半天没出声，把头埋在被窝里。

半晌，你才慢吞吞地从床上爬起来，拿起换洗衣服，心不甘情不愿地走向卫生间。

看到你言而有信了，我急急地从你的房间奔向一楼客厅，从背包里拿出一张 A4 纸——没错，就是我今天花了时间和心思弄出来的全市比较优秀的学校的小档案。

"老妈，我洗完了，你不是有东西让我看吗？"你在二楼的楼梯口对着我叫。

搞什么鬼，这叫洗澡？才两分钟就洗完了？我估计你只是用水把身子淋湿一下而已。不过这不重要，因为更重要的事在我的手里。

我嘴角一上扬，拿着这张纸，快速地跑上了二楼，你的房间。你已经躲进被窝，斜靠在床头，看着我像疯婆子一样闯进你的房间。

"小舳，你看看这个。"我边说边往你的床上一躺，然后身子靠近你。

你猛地身子往旁边躲了躲，脸上露出一副嫌弃的样子，咕哝道："那么脏，还睡我床上……"

"哎哟，我都还没有嫌弃你，你却嫌弃起我来了？"我一惊，狠狠地白了你一眼，嗔怪道。

"我可是一个洗过澡的男人。"你不屑地回了我一眼，傲娇地说道。

哼，我冷笑了一声，刚想继续嘲讽你，但手中的纸告诉我应该做什么。

"来，小舳，"我把手里的纸递给你，柔声说道，"看看这个，妈咪今天特意把一些学校的特质罗列了出来，你看看。"说完，身子又往你的方向靠了靠。

你没有接我手中的纸，只是用眼角的余光冷冷地瞥了一眼，不满地说道："你说给我看一样东西，就是这个东西？"

"对啊，这可是对你选择哪所高中很有用的！"我无视你的冷漠，依然热烈地回应道，又把纸往你眼前伸了伸，征求道，"要不看看？"

"你有毒吧？"你一把推开了我的手，然后自顾自地钻进了被窝。

我的手就这样尴尬地悬在半空中，满脸的意外，似乎根本不知道发生了什么。当我发现你已经背对着我，不想再说话时，才反应过来，你竟然无视我今天好不容易整理出来的这份东西，而且你貌似特别反感。

"喂，有没有搞错啊？"我嘟着嘴生气地叫道，"这可是为你好耶，你竟然不领情？你又不知道哪所高中好，哪所高中适合你，你不了解一下吗？"

"我觉得文渊最好。"你把头蒙在被窝里含糊地叫道。

"你，"不知为何每每听到你说要去文渊，我心里就来气，我总觉得以你的水平应该去比文渊更好的学校，只是不知为何你对文渊情有独钟。看着你一副不理不睬的样子，我使出了撒手锏。

"你不看也可以，到时我就按照我的想法给你投递简历了，你不要怪我，这可是你给我的权利。"我偷偷掀开你的被角，凑近你的耳朵说道。

你猛地一蹬腿，突然探出脑袋，不耐烦地叫道："你还让不让我睡觉？让不让我长高啊？"叫完，又钻进被窝，咕哝道，"鬼都知道你的用心，这张纸上整理的都是百川学校的好，还非要在我面前耍心机……"

"你说什么？"我假装没有听清楚，追问道。

你又卷了一下被子，不耐烦地叫道："我让你快点消失！"

我恨恨地瞪了你一眼，却毫无办法，只能无趣地从你床上起来，灰溜溜地走出了你的房间。我心里嘀咕：哼，我就要给你报别的学校，看你能怎么着。

2 报名——弱水三千，你只愿取"文渊"这一瓢水

会议终于结束了。

我第一时间从口袋里掏出手机开机。一分钟后，手机屏幕上快速地跳出一条又一条的信息。打开微信，几个家长群的头像上醒目地显示着几百条未读信息。

——发生什么事了？

我内心嘀咕，脑海里打了一个大大的问号！

来不及走出会议室的门，就这样倚靠在墙壁上浏览信息。

——今天早上九点百川学校官网开通了自招报名通道，请各位家长留意……（后面跟着的是百川学校的网址，还有官方的链接。）

紧跟着这条信息的是其他学校的官方网址。看来很多学校都在同一天开通了自招报名通道。

我匆匆浏览完几个家长群，里面的信息无一不在说这个话题。紧接着，我又进入"中考帮"，里面早已热翻天了，置顶的每个帖子都在谈关于自招报名的话题。

——我刚刚进去网站看了，报名要填写很多资料的：一模考试的成绩，关于获奖的项目，还要什么自我介绍，感觉很隆重的样子。

——啊，看来学校还是很看重获奖啊，我家啥都没有，怎么办呢？

——这个自我介绍怎么写呢？

——问题是要填写哪些获奖啊？是不是只要获奖的都可以写上去？

——能写就写吧，总比空着好，哈哈……

……

看到家长们的聊天，我的思路立马从报名网站跳跃到了你房间抽屉里那个文件袋上，那里装着你从小学一年级到初三所有获奖的奖状，还有一些荣誉证书和发表过文章的报刊。我开始用力思索，在这些乱七八糟的奖状里，哪些是你能拿得出手的，哪些又是你出类拔萃、别人无法企及的。

这个时候，我真想立马飞奔回家，然后打开你的抽屉，拿出那些奖状，看看我们取胜的机会有多大。我内心很清楚，那些含金量很高的奖状是和你无缘的，所以我发现自己心跳开始加快，底气还是不足，似乎已经到了竞争的时刻。

整个下午，我除了一次次地进去那些开通了的网站浏览，甚至填写一些基本资料外，就是不停地看手表，总是怀疑手表坏了，时间故意和我捉迷藏！那种感受很磨人。

客厅很安静，晶莹剔透的水晶灯下，我趴在电脑前，聚精会神地捣鼓着，旁边散落着一堆关于你的资料。

我终于不得不承认，在我下班回到家第一时间冲进你房间，拿出这个文件袋后，翻遍所有，真的没有一张让我感觉热血沸腾的奖状，也就是说，这些奖状都无法成为你能战胜别人的筹码。

看着满屏都是需要填写的资料，而这每一条资料都是上战场前的"子弹"，你的子弹是否精准，能否打赢未来高中三年的战役，对于那些想要你的学校来说很重要。到现在我才意识到自己是多么愚昧，竟然忽视了这么重要的投资。其实我知道有些竞赛是相当有含金量的，但不知为何，面对你不想参加或者不敢参加的一系列理由，我选择了妥协。也许我潜意识里还是觉得成绩优秀才是王道，这些所谓的竞赛获奖只能起到推波助澜的作用。如果我早知道这些含金量至高的竞赛获奖能直接让你跨进名校的门，那么我当初会选择妥协吗？还会此刻看着你一堆没有什么用的奖状心灰意冷吗？可惜人生没有如果，只有结果。

虽然每个学校的报名所填的资料大同小异，但我还是很认真地研究了一下。首先找到几所内心一直中意的学校，逐一打开网站，放在桌面；随后再次阅读了所填写简历的内容。我发现有些学校在获奖这一栏里没有限定只能填写规定的获奖项目，有些则在获奖这一栏里设置了很多空格。这是不是就说明孩子可以把初中三年的所有获奖都填上去？我还发现一些学校在简历里设置了荣誉称号，这似乎又给了孩子另一个展示自己的平台，特别是对于那些获奖不多但有荣誉称号的孩子多了一些盼头和自信。

我先把你初中三年的全部奖状都罗列出来，然后把级别从高到低依次排好。第一个选择的当然是我最中意的学校——百川学校。一步步小心翼翼地填下来，随后惊喜地发现，百川竟然也有荣誉称号一栏。我一下像打了鸡血一样，立马从文件袋里找出你的荣誉证书，我没有记错，你从六年级开始每年雷打不动地被评为"校三好学生"，没想到这些竟然也成了你竞争的筹码。

在面对最后一项个人介绍时，我停顿了一下，考虑要不要让你自己来填写，但权衡再三，还是选择我来帮你代写。当然我不会写得长篇大论，以我对自我介绍的了解，想要抓住别人的眼球，首先就要展示最好的、独一无二的自己。而你，我亲爱的小孩，你唯一让我骄傲的就是从小到大在《新民晚报》和各类杂志上发表的文章，这会不会是让那些学校对你垂青或者说吸引他们的理由呢？也许正因为这与众不同的爱好会成为你被关注的筹码。我内心如潮水般猜测着，也深深祈祷着。

根据你一模的成绩，其实很多好的学校让我望而却步，但就像"中考帮"里的家长们说的那样，不要放弃任何一个机会，报上总比不报好吧，弄不好人家就向你伸出橄榄枝了。所以我决定对一些好的学校也投送你的简历，一共给你报了五所学校。这些学校都是外区顶尖的学校。

我是一个有强迫症的女人。在全部报完之后，我又一次次地打开各校网站链接，看了一遍又一遍，先是校对文字上是否有错误，接着看有没有遗漏的地方，最后是一遍又一遍地确认是不是提交成功。当然为了安全起见，我把你所有报名学校的注册名和密码统一备注在手机备忘录里。

时间很安静，你我似乎也很安静，整个"中考帮"也变得很安静。

我不知道这份安静的背后是一种怎样的情绪在发酵，至少我还是焦灼的，是不安的，是慌乱地在等待，等待那一枝枝鲜艳翠绿的橄榄枝伸向你，我亲爱的小孩。

简历投出去几天后，有些学校开始陆陆续续发出邀请函。时不时会听到一些家长说收到某某学校的面试邀请，"中考帮"里又开始恢复之前的热闹，大家除了谈论自己的小孩收到哪些学校的邀请函之外，就是谈怎么应对面试和笔试了。

只是谁也没有想到，很多学校的开放日会放在同一天！也就是说，很多收到邀请函的孩子只能在几所学校里选择一所。当我打开之前报名的学校网站，看到邀请函后面的相关通知，才知道了这个对于很多家长和孩子都五雷轰顶的消息。要命！这等于抹杀了家长和孩子们想给自己多些机会的全部念想。

选择，本来就是一件痛苦的事情，更何况这个选择关乎孩子，这无疑让很多家长在痛苦中又多了一丝迷茫和恐惧——担心自己的选择会让孩子错失一次机会，或者尊重孩子的选择结果浪费了一次机会。

我同样迷茫和不安！

——要死了，今年怎么会这样？怎么很多学校的开放日是在同一天呢？

——这是学校故意的，大家除了抢生源之外，就是不想让学生一心两用，举棋不定，吃着碗里的瞧着锅里的。

——学校这一招实在气人，早知道这样，何必当初报那么多学校呢？反正报再多你也只能选择一所。

——对呀，问题是你让我们学生专一，你们学校能专一吗？能保证我们去了你们学校就能给我们机会吗？

——就是就是，弄不好我们去了不但成为别人的分母，还成了炮灰。

——没事，先掂量一下自己的实力，选择最适合最有把握的学校，这样成为分母和炮灰的概率就会大大降低。

——话是这么说，但是谁又甘心呢？谁不想去一个好一点的学校呢？

……

"中考帮"里每天都叽叽喳喳，都是在纠缠和讨论这些问题。而我从一开始收到不同学校邀请函的那种喜悦和自豪慢慢转变成了无助和彷徨，甚至恐慌。我有什么能力独具慧眼，帮你把控择校的方向？我又有什么超能力，能帮你排除所有的风险，给你铺就一条成功的自招路？

我不能，显然不能，肯定不能！

我能做的只有根据你学习的能力、各方面的成绩，还有你的强项和弱项来做一个综合分析，再重新评估哪所学校更适合你的发展，哪所学校我们的胜算更大。

但是我不甘心！真的不甘心！

因为我最心仪的百川学校迟迟不公布消息，让我很是焦虑和担心。虽然曾设想过以你一模的成绩，它不一定会给你伸出橄榄枝，但我还是对你的那份报名简历充满着希望，最关键的是，当时给你报了四大名校的三所名校，有一所名校也给你抛出了绣球，而作为不是四大名校的百川，它凭什么不给你机会？

就在我快要绝望的时候，我竟然收到了百川学校的邀请函。那一刻，我不敢相信自己的眼睛，一次次地浏览网页上的字，看了一遍又一遍，确认无误后，我兴奋得想唱歌！是的，我实在是太开心和激动了，不管如何，至少百川给了你一个机会，至少我们离百川近了一步……

学校门口的马路两边栽满了梧桐树，我把车子稳稳地靠边停下，平时不会下车等你的我今天反常地下了车。初春的风依然带着冬季的寒气，我裹了裹身上的大衣，踩在了落满梧桐叶的人行道上。

你们的校门口不是很气派，却很美，有一种复古的美。时间真的过得很快，用不了多久，你即将从这所学校毕业，走向更高更宽阔的平台。犹记得你刚刚进入这所学校的样子：穿着白色校服，藏青色的校裤，拉着一个带滑轮的书包，瘦小的身体一蹦一跳地融入到一群比你高很多的同学中。那天，我也以这样的姿势站在这里，踮起脚尖，伸长脖子，目送你慢慢淹没在人群中……

你终于出来了，一步一步地朝着校门口走来，沉重的书包把本来就不高的你压得更矮了。你把冬季的校服敞开着，露出里面灰色的高领羊毛衫，微卷的头发被风吹得凌乱，耷拉在长满青春痘的额头上。当你的眼睛触及我的瞬间，你身子一愣，随后嘴角一抿，两个小酒窝盛开在你的脸颊。

"嗨，小舢，好久不见！"我兴冲冲地和你打招呼，并伸出手想接过你沉重的书包。

你嘴角微微一扯，身子往旁边一躲，说道："不用，我自己背。"随后自顾自地朝着车子走去。

我看着你的背影，虽然依然瘦弱，但已长高。你大踏步地迎着北风，用力挺直你的脊背托起那沉重的书包，努力不让我看出你的疲惫。莫名，我眼眶一热，孩子，你真的长大了，知道了有些东西只能自己扛，有些路只能自己走，别人真的帮不了你。

"小舶，肚子饿吗？"我从副驾驶上拿出下班时刚买的面包给你。

你一把抓了过去，打开包装纸就往嘴里塞。看你一副像饿死鬼投胎的样子，忍不住嗔怪："你是不是午饭没有吃啊？"

"唔……"你不断点头，嘴里塞满面包含糊道。

"为什么不吃？"我心疼地责怪道。要知道我最不能接受的就是你不吃饭，本来瘦小的你，如果再不吃饭，都不知道会变成什么样了。

你用力地吞咽下去，随后又塞进一大块，继续含糊地抱怨道："今天老师像疯了，作业毛多，根本来不及做，如果中午我去吃饭了，估计现在还在教室里补课堂作业……"

"怎么刚开学就这么多作业呢？"我附和道。虽然知道老师也是为了孩子好，但是一想到你为了做作业都没有去吃饭，心里不免有些怨言。如今想来，当时自己怎么没有反问你，找找你自己的原因，为何别的同学都去吃饭了，还能在规定的时间内完成课堂作业呢？

"谁知道，"你估计吃得差不多了，开始一小口一小口往嘴里塞，"之前吧还能感觉刚开学的氛围，如今根本就感觉不出来刚开学，黑板上的那串中考还剩几天的数字像夺命符，看着就瘆得慌。再说每个同学都在努力，你敢不努力吗？你好意思不努力吗？其实即便你想不努力也难，因为老师每天都在努力布置作业，根本就不给你不努力的机会。"你开始絮絮叨叨了。

看你说得口沫横飞，像绕口令一样，我心头暗笑：看来你们的老师对你们还是有点手段的，能让你这个平时不主动学习的孩子，把努力两个字挂在嘴上，实在是不容易。

"其实啊，只要你努力了，就一定会有收获的。"我想起百川学校的邀请函，由衷地说道。

"切！我怎么不觉得？"你白了我一眼，顺手把吃剩的面包塞进塑料袋扔到了副驾驶位置上。

"怎么？不相信？"我从后视镜瞄了一眼很不屑的你，有感而发道，"只要你努力了，你连选择的机会都比别人多，不努力，你连机会都没有，更别说选择了。"

哼，你从鼻子里冷哼一下，但我能感觉到你其实还是认可我的这句话的。

"小觖，校园开放日你想去哪所学校？"我话题一转，轻声问道。

"对了，老妈，"你突然从后面凑近我，没有回答我的问题，而是给我抛出了问题，"听说这次很多学校的开放日都是在同一天？"

我点点头。看来你们这些小孩的消息之灵通真的不是我们这些家长所能想象的。

"这手段太高明了！"你猛地叫道，"这样除了能留住一部分不敢冒险的学生之外，还能考验学生对这所学校的忠诚度和求进欲。"

"我听说，如果你校园开放日不去，等于就放弃了这所学校的自荐名额，学校也就不会再考虑你了，哪怕你的成绩再优秀。"你继续嘀咕道。

"什么？你听谁说的？"我惊叫道。你的这句话像晴天霹雳劈在了我的头顶上，让我措手不及。

"我们学校都在说。"你疑惑地盯着我，回应道。

你压根想不到我会有这么大的反应。

我怎么可能没有反应！百川学校和文渊学校的校园开放日是同一天！也就是说，如果我选择去了百川就等于放弃了文渊，反之，就等于放弃了百川。而这两所学校是我一直以来的目标学校。于我而言，对你最大的期望就是百川，最低的目标就是文渊。因为我想过，四大名校我是不太可能考虑，除了担心你的学习能力之外，还有更多的是恐惧，一种高攀不起的恐惧。至于其他的学校，通过各方面的比较和实际问题考虑，我还是觉得文渊是我们最好的选择。首先，文渊是我们区最好的学校，虽然教学上可能和一些市区的学校有所差距，但那也是相当小的，关键是它这几年向上发展的势头很猛；其次，如果去市区别的学校的平行班，那么还不如在文渊学校的实验班；最后向来不主张高中住宿的我，显然文渊是唯一能满足我这个要求和想法的学校。当然不让你住宿，除了担心你没有好的自律性和自控性，更多的是我的心疼。你生来比同龄人瘦小，吃东西虽然不挑食，但吃的少，而且很被动。在家，我可以按照你的口味做一些你喜欢吃的菜，还会不断要求你多吃点，给你准备水果和牛奶。在学校，我就真的不知道你会吃啥，你瘦小的身体还能不能往上蹿？要知道，身高可是你的硬伤，也是你的心伤啊。

"老妈，如果真的这样，我看来只能去文渊了……"你的话打断了我的思绪。

我从后视镜瞄了你一眼。看来这个消息对于你来说是件好事情，正中你下怀。

"你们班级多少人去文渊？"我没有接你的话，而是问你另一个问题。

嗯，你若有所思地眨巴了一下眼睛，回应我："据我所知，只要拿到邀请函的同学都会去。"

"哦……"这是我意想不到的答案。按常理来说，像你们这么好的学校，肯定会有一大部分学子去冲市区的学校，那么到底是什么让家长和孩子们主动放弃市区的学校而选择文渊学校呢？除了和我的想法有雷同外，是不是还有刚刚你说的那个消息的原因？

如果你刚刚的消息属实，那么放弃文渊学校而去搏别的学校，真的需要足够的勇气！这看似只是一次选择，但对很多家长来说，是一场只能赢不能输的赌博。因为一旦没有被别的学校录取，等于你自己主动把文渊这扇门也关了。所以很多家长为了求稳，对学校这样的方式选择妥协。

但我不想妥协！

"小舢，妈咪给你报了几所学校，除了四校里的两所学校没有来通知，其余的都来了，包括百川。"我很平静地说道，眼神迅速地从后视镜扫了你一眼。

"哦？"你半边眉毛一抬，不屑地说道，"那又怎样？再多的机会也只能选择其一。”

“没有错，所以我们要选择最好的机会。”我直接迎合你。没有错，你的这句话正合我意，不然我还真不知道怎么把话引过来呢。

“作为一个男人，弱水三千，我只想取文渊这一瓢水。”你冷冷地接应。

我一愣，没想到你比我的反应还要快。本来想让你的思维跟着我走，却没想到一下被你抢去了主动权。显然，在斗智方面我已经是你的手下败将，那么看来只能斗勇了。因为时间根本就不允许我再和你在这道选择题上讨价还价了。

“我管你取哪一瓢水，反正百川这瓢水我是取定了！”我语气很坚定，根本就容不得你丝毫反抗。

“你有毒吧！”你紧接着就叫道，“是我读书还是你读书啊？你凭什么帮我选择啊！”

“我……”我被你突然的质问给噎到了，下一秒却脱口而出，“凭我是你妈！”

“有毒吧，你！”你怒目圆睁，本来埋在后座里的身子都脱离了座位。

如果说刚刚你的愤怒是因为我的霸道，那么这次的暴怒一定是来自于我的无理取闹。也许你已经习惯了我的霸道，所以能容忍，但是你无法容忍一个母亲在一件这么重要的事情上无理取闹。

我是心虚的。我用这么蹩脚的理由来反驳你，我不但心虚，也很惭愧。什么时候我竟然开始用角色去绑架我的孩子！

——因为我是你的母亲，所以你必须要听从我的选择！

“这学到底是你上还是我上？你能帮我选择学校，请问你能代替我去上学吗？"你似乎冷静了，已经靠在椅背上，双手抱胸，用很不屑的语气问道。不用从后视镜搜索你的眼睛，我本能感受到后背被一道寒光紧紧盯着。

"可是，小舳……"我舔了舔起皮的嘴唇，用力地咽了咽口水，说道，"百川学校是我唯一一所想让你去上的学校，我梦里都希望有朝一日你能跨进这所学校的大门，如今好不容易它向你伸出了橄榄枝，你让我怎么舍得就这么放弃呢？"我不由得哽咽，就像自己很喜欢的一个礼物突然被别人通知必须要扔掉的感觉，特别难受。

"我知道站在理性的角度上，我不应该让你放弃文渊的开放日，毕竟它比百川学校更容易让你被提前预录，而且还是你梦寐以求的实验班。但是小舳，妈咪真的不甘心，真的不甘心就这样让你放弃百川，放弃可以跨上更好更高平台的机会。"我语重心长地说道，内心真的很澎湃，因为我也很害怕，这样不理性的坚持到底对不对。如果你百川自招失败了，那么我怎么对得起你？

可是我真的觉得我的孩子有能力去更好的学校，可以飞得更高更远……我真的不能让机会就这样白白浪费。当然，我会这样想，其实还有一个更重要的原因。

"小舳，退一万步来说，你自招放弃了文渊，裸考再怎么烂也能进去，只是实验班不确定而已。所以你完全可以去尝试比文渊更好的学校，不是吗？"

我尽量压制自己的情绪，心平气和地说道。在我说这些话的时候，你自始至终都没有插嘴，从后视镜里看到你闭着眼睛，不知是在闭目养神还是为了躲避我的这种情感威逼。

我承认我是自私的，甚至是有点虚荣心的！但是在这些之外，更多的是我对你的爱！我爱你，所以我愿意用我最大的力气和能力把你托举到更高的地方。孩子，那里的风景真的不一样，只是你不曾见过，怎会知道！

本以为这是一场无疾而终的谈话，怎么也没有想到，你会在车子到家门口的时候开口说话了。

"好，我选择去百川，你放心吧！"

这是一句完全没有任何情绪的话，平静得像平时彼此见面时轻轻的一声招呼。

我倏地从后视镜搜寻你的眼睛。

你看着我，没有躲闪，眼神里没有任何可以猜测的情绪，就像你刚刚的言语。我很讶异你的改变，而且改变得那么快，我甚至怀疑这是不是你的另一个阴谋。只是刚想再次质问，张了张嘴，却没有问出口。我把所有的疑问都压制在了喉咙，就像把所有的感动压在了心底。是的，我情愿认为你的妥协是因为对我的爱，而不愿去猜测是你的缓兵之计。

3 自招——把自己置于所有的"未知"中

这一天来了。

集期待、忐忑、祈祷、紧张、自豪……所有情绪为一体的这一天，还是来了。

今天是我们去参加天德学校自主招生的日子。天德学校是四大名校之一，也是四校中唯一一所给你发出邀请函的学校。四校的校园开放日比其他学校提前一天，所以不存在撞车问题，同时也无形中多给了孩子们一次机会。这一点让我们很多家长心生欢喜。

我不只是醒得比平时早，起得也比平时早。先是给你准备既不会觉得太过流质感又不会不消化的早餐，然后一次次地打开手机，进入这所学校的校园开放日网站，一次次逐一阅读相关信息，最后打开你昨晚就放在客厅的书包，一遍遍检查所需要带的东西：邀请函复印件、电子学生证、2B铅笔……

早上七点，我们终于坐在了你同学妈妈的车上，朝着天德学校驶去。我是个路盲，特别是去陌生的地方，我总是特别担心自己会走丢，哪怕有高德导航，也似乎无法抹除我在这方面的恐惧。你的这个同学是个女孩，你们平时成绩相当，基本不分上下，甚至一模考的成绩和名次都是并列的。当然，她同样收到了天德学校的邀请函。

你们两个坐在后座，不交流，像两个完全陌生的人。

你同学的妈妈开着车，循着手机里的导航提示前行。我坐在副驾驶上，偶尔会转过头看看始终沉默的你们。

"小舳，你怎么不和小沈同学聊聊呢？你们可以交流一下学习呀。"我假装漫不经心地说道。

"有什么好交流的！"你和你同学竟然异口同声地回应。

"嗳，这孩……"我无奈地嗔怪道。

"算啦，你别去管他们啦，我们说话……"你同学的妈妈咧着嘴笑着说道。她给了我一个很好的台阶，而我当然顺势而下。

"对了，你报的是总校还是分校？"你同学的妈妈突然问道。

"当然是总校，分校有什么好去的。"我不假思索地回应，随后追问道，"你们也报了总校吧？"

"我家姑娘说分校也考虑，所以我总校和分校都报了，到时总校不要我们，也许分校会收留我们呢……"说完，她格格地笑了，然后头往右微微一侧，叫道，"囡囡，对哇？"

我转头瞄了一眼你的同学，她笑着不停地点头，似乎很认同她妈妈的想法，一双本来就很小的丹凤眼，一笑就只剩下两条缝了。

"你们家小舢不一样，学霸啊，又是男孩，所以你们肯定不会去分校的……"你同学的妈妈紧接着说道。

"也不是啦，"我直接否定了，接着回头看了看假寐的你，说道，"如果天德学校不是今天而是明天，那我估计会直接放弃。"我没有再说下去，我想她会懂。其实我的潜台词已经很明显了——这所学校并不是我们特别心仪的学校，只是因为它正好给我们伸出了橄榄枝，时间上又和别的学校不撞车，所以我们只是在没得选择的情况下，给自己多了一次机会而已。其实我很清楚，小舢，今天让你参加这所学校的开放日，就是奔着总校去的，分校我肯定是不会考虑的。

"早知道这样，就不带上你们了，这样我们少了个竞争对手……"你同学的妈妈调侃道，接着就哈哈大笑。

"那不行，弄不好天德就等着我们小舢呢……"我翻了翻眼皮，自恋地说道。

"小舢，你还好不像你妈妈，这么自恋……"你同学的妈妈对你打趣道。

我回头看了你一眼。你抿着小嘴，含蓄地点点头，很腼腆的样子。其实你更自恋！当然这点只有我知道。因为你的性格和长相帮你很完美地遮住了这一点，蒙蔽了所有人的眼睛。

高德导航提示目的地很快就要到了，从车窗外看出去，两栋建筑物前站满人头拥挤的孩子和家长。尽管心里预料会有很多学生，毕竟如你这样的一模成绩都被邀请了，可想而知这次参加校园开放日的人数之多，可还是被眼前密密麻麻的人群给吓倒了。

"哇，这么多人？这次天德发了多少邀请函？"我惊呼道。

"听说很多，大概有 2000 个吧，大家都是为了抢生源。"你同学的妈妈似乎早就打听过，很淡定地说道。

"2000 个？这成功的比例占得也太少了吧？胜算几乎是零啊！"我感慨道，随后不安地嘀咕道，"就是不知道今天会以什么样的形式'相亲'。"

"一整天，你可以想象一下。"你同学的妈妈下巴一抬，给我抛了个不怀好意的媚眼。

"小舢，如果面试，你一定要胆子大一点，说话大声一点，还有思路要清晰；如果是自我介绍，记得把自己的优点都要说出来……"我猛然醒悟，整个身子转向了后座，急急地交代道。

没错，也许是一开始的心态主宰着我，所以我压根就没有和你交流关于今天天德开放日的环节和注意事项。只是当我看到这么多孩子和家长，我才开始慌了。看来这样的机会对于每个孩子来说都是那么难得，大家都拼了命地想搭上预录取这条船，想进入让大家都眼红的四校。

"我只是个打酱油的，老妈。"你淡淡地瞥了窗外一眼，又看了看我，平静地说道。

"打酱油也要打出你的水平、你的优势来！"我直接怼回去。

你无奈地摇摇头。

"你这女人……"你同学的妈妈笑着拍我的肩膀，随后示意我先带两个孩子下车，她去找停车位。

下车后，我迅速扫视了周围一圈，众多陌生的脸庞里还是能看到一些熟悉的脸庞。看来你们学校也有很多孩子来参加。

"小舯，答题一定要仔细，特别是数学，你的强项，一定要得分。"想到"中考帮"里的家长说自招考的题目都很难，竞赛题很多，我忍不住又交代你几句。

"嗯，知道了。"你点点头，眼睛不停地扫视着周围。

看来你和我一样，也被这种景象震住了。我不知道你此刻的心情，是不是像怀揣着一只麋鹿，面对未知，不知该如何是好。我也不知道这些和我同样站在这里的家长们，他们有没有一些是和我一样，只是为了给孩子一次机会，还是对这所学校情有独钟。但是不管如何，有一点我是肯定的，就是每一个家长心里都在祈祷和祝福自己的孩子。

我带着两个孩子，用力往校门口挤。

校门口站着两排警卫，还有两排学生志愿者和一些学校老师，他们正在做准备工作。我发现那里还放了一台机器，不知道是做什么用的。

八点十五分。警卫开始要求家长们让出一条通道，招呼孩子们把邀请函拿在手中，有序排成两队往里走。

我看到几个已经进去的孩子，在经过那台机器的时候，学生志愿者要求他们把邀请函往机器上一照，然后再放行。我疑惑地从你的手里拿起邀请函一看，发现上面有一排条形码，原来这机器是扫每个孩子的邀请函的条形码的呀！这样就不会有学生冒充进去了，现在的科技实在是发达。

"小触，加油！"我拍了拍你的肩膀，悄悄和你比出一个胜利的姿势。

你又是小嘴一抿，看了看四周，和我摆了摆手，随后朝着校门走去。我知道你刚刚的举动是担心被别的家长和孩子看到，你觉得这样做很丢脸。

下午三点。我和一帮已经熟悉的家长等在校门口，踮起脚尖，伸长脖子，盯着那扇大门。

终于听到了铃声，我又一次踮起脚尖，把脖子伸得老长，生怕错过你。这个时候我很是后悔早上没有穿一双恨天高出来。

有个孩子开始出来了。只见他似乎没有任何表情，淡定地走出校门后，目光扫射了一下人群，随后走向了人群。我看到在靠近校门的那堆人中，有个父亲正对着这个孩子挥手。

随后孩子们陆续走了出来。我发现有些孩子脸上带着失落，低着头，咬着嘴唇；有些孩子笑容满面，很灿烂；有些孩子则像最早出来的那个孩子一样，很淡定，看不出任何情绪。

人群开始热闹，家长们纷纷向孩子们打探考试题目难不难，有面试吗，感觉怎么样……我惊奇地发现，孩子们的答案竟然惊人的相似——哦，还好吧，就这样吧。

听到这些答案，我心里嘀咕，估计你等一下给我的答案也会雷同。当然这不会是巧合，而是你们对付我们这些喜欢追问成绩的家长的习惯用语。

终于，我看到你了。你双手插在外衣口袋里，低着头，晃晃悠悠地走出校门。未等你抬眼找我，我就急急地对着你挥手，叫道："小舢，这里。"

你眉头微蹙了一下，然后朝我走来。看来我又被你嫌弃没有素质，在大庭广众之下大呼小叫。

"怎么样？感觉如何？"一拉住你，我就迫不及待地问道。

"哦，就这样。"你讪讪地回应。

"什么叫就这样啊？有面试吗？"我才不会被你的习惯用语直接打发呢，开始不依不饶地追问。

"没有。"

"那考试呢？总考了吧？"

"嗯，但是我考得不好。"

"啊，什么没有考好？"

"所有。"

"数学呢？也考砸了？"

"嗯……"

换作是平时，你这样的回答我早就火冒三丈了。但不知为何，此刻的我虽然内心很失落，但火苗却没有被点燃。想来除了是因为我对这所学校不是很心仪之外，还有一个主要原因——你明天上午要参加百川的校园开放日。

我当然不能激化我们的矛盾，更不能增加你内心的压力，关键是不能打击你的信心，让你对自招考产生恐惧。

明天？明天我的孩子会怎样？幸运之神会不会降临到他头上？

我和你在马路上奔跑。

我们穿过堵塞的车辆，横跨过一条又一条马路，终于跟随着人群走在了那条通往百川学校的林荫道上。

今天的天气特别好，细碎的阳光穿过枝丫的缝隙洒落在这条铺着青石板的小道上。初春微凉的空气因为这片阳光显得温润，而我那颗焦灼期盼的心也被这片阳光给抚平了——有阳光陪伴，运气总不会差。

我和你并排往前走，周围都是和你一样去参加百川开放日的学生和家长。我们没有任何交流，从家里出发开始你始终缄口不语，就连刚刚从车子上下来，都没有和你父亲道别。我无视你紧绷的脸，不去猜测你此刻的想法，或者说我根本就不想知道你目前的情绪。因为当你坐上你父亲的车，当车轮沿着通往百川学校的路线行驶的时候，不管是你还是我都别无选择。既然没有选择，那么你有任何的情绪都没有用。

"昨天老师和你讲解的自招题目应该都没问题了吧？"走在我前面的

一个妈妈在问她的孩子。

"嗯，昨晚我都复习过了。"那个孩子也是个男孩，个头很高，很壮，用已经完全变声好的声音回应着。

"从初二开始就让你上自招培训班，就为了今天一搏，所以你要好好表现啊。"那个母亲又说道。

"嗯！"男孩坚定地点点头。

我看了看走在身边的你，你一副置身事外的模样。而我只能咽了咽口水，惭愧地低头疾步向前。是的，我的孩子没有参加过任何的自招培训，你不会任何竞赛题；昨晚你也不像刚刚的男孩一样，伏案复习，因为我们没有东西可以复习，也不知道该复习什么。今天百川学校的任何试题对于你来说都是陌生的，是未知的。

还未到校门口，就听到一群孩子围着学校的警卫在说些什么，情绪有点小激动。侧耳一听，原来这些孩子都没有收到百川学校的邀请函，今天一早到这里来，就是为了来冲考的，但是警卫告诉他们，今年学校一律不接受冲考。这些孩子似乎不能接受这个讯息，还在嚷嚷着一定要进去冲考，说什么自己平时很优秀，只是这次一模考考砸了，学校不应该以一次成绩来下定论；说什么这所学校是自己的希望所归，一定要争取到这个机会……

我又看了你一眼。正不断向四周张望的你，突然嘴角微微一上翘，目光从一开始的不屑变为疑惑，继而开始同情，最后闪出一丝不易察觉的自豪。

"小舢，你看有多少人想要这样的机会，"我煞有介事地说道，"看来平时的努力多么重要，如果一模考没有考好，就连主动的机会都没有，只能被动地等着别人给机会了。"

你挑了一下眼皮，看了我一眼，没有接应。

"你看，这就是努力和不努力的区别。你努力了，机会就会接踵而来，随你怎么选择；如果不努力，机会根本不会光顾你，你想选择都没得选择。这就是付出的结果，残酷吧？"我无视你的冷淡，继续说教。

"所以，你想要机会垂青你，你必须自己去争取机会……"你终于开口说话了，但是明明是一句比较有正能量的话，为何让我有种凉飕飕的感觉。

"啥意思嘛……"我翻了翻眼皮，嘟囔道。

"你别把我好不容易创造的机会占为己有，然后还剥夺我选择机会的权利。"你愤然地说道。

"咦，你这孩子，我还不是为了你好嘛，希望你能进入更好更高的平台吗？"我压低喉咙，不悦地说道。

"请别用你所谓的'爱'和'角色'绑架我！"你刻意压低的声音里有一头猛兽在嘶吼，我能感受到一种压抑很久的反抗情绪在奔腾，而你在用力克制。

我脸"蹭"地就红了，似乎被人无缘无故地甩了两个耳光。

看来今天让你来百川学校是最不明智的选择，我犯了一个不可饶恕的错误！看着你因为倔强紧抿的小嘴，还有冷漠的神情，我似乎预料到你将不会再选择妥协，我的心就是在这一秒漏跳了一拍，慌得不知所措。

警卫开始通知手拿邀请函的孩子们进入校园。我看看你，你没有从书包里拿出装有邀请函和电子学生证的文件袋，而是微微踮起脚尖，伸长脖子，不停地在拥挤的孩子中张望，似乎在找寻什么。

"小舶，可以进去了。"我轻轻拍了一下你的肩膀，催促道。

"哦……"你终于收回扫射人群的目光，慢吞吞地拉开书包。我分明发现你眼神里带着淡淡的失落。

或许是对百川学校心存敬畏和好奇，我一反常态没有去顾忌和揣摩你的心思，而是和很多家长一样，拥簇在一起，听一些学生志愿者介绍学校的情况。

这是一个浓眉大眼的男同学，他穿着百川的校服，笑容可掬地站在那里，任由我们这些家长像问十万个为什么的孩子一样，把问题轰炸式地抛给他。

——同学，今天参加考试的有多少人，你知道吗？

——这次学校准备录取多少人你知道吗？百分比是多少？

——对了，百川有几个实验班？一个班一共多少人？

——你们的作业量大吗？平时做到什么时候？

——你们有在外面补习吗？需要补习吗？如果补习，你们都是在哪里补习？

——百川学校的特色是什么？社团多吗？有什么比较有特色的社团吗？每个孩子都可以参加社团吗？

——嗳，你们学校是不是都要住宿？有没有不住宿的？

——你们的伙食好不好？吃得饱吗？

——对了，平行班和实验班的差距有多大？

——还有，还有，这次预录的孩子都能进实验班吗？

——你是高几的孩子？你是自招进来的还是裸考进来的？

……

家长们七嘴八舌，把内心的疑惑和想要知道的信息全都抛了出来，俨然忘记这么多问题这个孩子都能回答吗？即便能回答又能保证都记得住吗？

我也有很多问题，但是当听到这些问题时，才感觉自己的问题还是比较弱智的，所以我决定做一个听众。

男孩不断地点头，不断把目光从这个发问的家长移向那个发问的家长。等家长们都安静下来了，他才笑着回应："各位叔叔阿姨，有些问题我可能无法回答你们，但是我能回答的一定都告诉你们。"

听他这么一说，家长们再次缩小了范围，竖起来耳朵，生怕漏听任何重要的资讯。

"我今年高一，我也参加了自招，可惜我的分数没有到，好在后来拿到了推优名额，才进入这所学校的。"男孩不卑不亢地开始陈述。

"嗳，对了，同学，打断一下，"我身边的一位爸爸突然打断了男孩的话，问道，"这次一共考几门？每门是多少分数？总分多少？"

这位爸爸一问，家长们又开始沸腾了。这个问题问到了点子上，这是我们每个家长都想知道的，或者说是此刻迫不及待想知道的。

"如果按照去年的方式，今天考五门，语数英理化，三门主课分别是每门 60 分，物理是 40 分，化学 30 分，总分是 250 分。"

噢……家长们发出了恍然大悟的声音，只是声音还未来得及消退，又有家长追问道："那么考多少分才有可能被录取呢？"这次问的又是一位爸爸，看来爸爸们都是习惯抓重点和痛点，不像妈妈们，抓的都是琐碎的东西。

"嗯，去年的话，只要考到 150 分以上就应该没问题。不过还是要看每年的试卷和同学们考试的成绩来下定论。"男孩很有把握地说道。

——这个分数还是很高啊？

——对呀，听说都是难题，想得到这个分数不容易的。

——听说今年都在减负，所以题目应该不会太超纲的。

——谁知道呢，反正竞争很大。

……

家长们在听到这个数字后，开始叽叽喳喳议论开了。而我却开始疑惑，这个分数并不是很高，有 100 分的差距，应该不难考到，为何家长们还是觉得很难呢？难道是我太低估了这次考试，还是家长们太高估了试题的难度？或者说是我对自招考还没有深入了解？如果真的是这个分数，那么你能不能达到这个分数呢？数学是你的强项，60 分的题目你能不能拿 50 分呢？语文和英语你也不差，少算点一个拿 35 分，一个拿 45 分，应该没问题的吧，这样总分加起来就有 130 分了，理化有 70 分，你再怎么烂，20 分应该能拿到吧……哦，老天，请保佑我的孩子考神附体，发挥超常吧！

"同学，你可以回答我们刚刚的问题了。"我旁边一个妈妈的声音打断了我的胡思乱想。

"叔叔阿姨，其实你们不用太紧张，既然今天来到了这里，就应该相信孩子，相信我们学校。"男孩很有礼貌地说道。他的神情和表现突然让我心生羡慕。

如果你也和这个小哥哥一样，面对这么多家长还能如此从容和淡定，那该多好！你生性腼腆、含蓄、胆小，在众人面前你根本不敢表现自己，连说话都轻如蚊音。即便面对我的朋友，你说话都很小声，更别说在大庭广众之下了。你的腼腆与胆小，让我无奈又无助，我不知该怎么做，才能锻炼你的胆量，才能让你在陌生人面前可以大胆地表达自己。正因为我特别希望你能慢慢锻炼你的胆量，能在陌生人面前大胆地表达自己，所以每每看到别的孩子有这种胆量，我总是心生欢喜，羡慕不已。

"家长们都关心今天参考的人有多少，大概录取的人数有多少，我说出来，大家可能会觉得很残酷，但是现实就是这么残酷。听老师介绍，今年我们发出的邀请函不是很多，全市应该有 1500 张左右吧，但是录取的人数应该是在两位数。"男孩说完，眼神迅速地扫了一下各个家长。

大家一片唏嘘。

虽然在意料之中，但是真的被证实了，还是觉得有点难以接受。这是百分之几的概率啊！家长们相互看了几眼，谁也没有说话，似乎都在等男孩继续介绍下去。

"我们学校一共有十二个班，分四个实验班，八个平行班，一般情况下，每次考试实验班的平均成绩都会比平行班高出十几分。这次参加考试被录取的同学基本都是进实验班的。我们学校走读的还是比较多的，住宿的比较少，不过实验班的同学基本都是住宿的。"男孩继续滔滔不绝地介绍着。

"我们学校有很多社团，同学可以根据自己的喜好报不同的社团，每年都有大型的社团活动。还有我们的作业没有家长们想得那么可怕，正常情况下晚上十点之前就能完成。"

……

时间就在听志愿者的介绍，以及看大会议室里的学校介绍演出中慢慢流逝着。最后我走在百川宽阔的操场上，迎着阳光，站在春风里，想象有一天你会不会作为一名百川的学生，奔跑在这条跑道上，会不会把美好又有价值的高中三年留在这所让我心仪的学校？

中午，我站在一群完全不认识的家长群中，在校门外等你。你出来了，和一群我完全不认识的孩子一起走了出来。今天的你和昨天的你完全不同，脸上竟然带着微微的笑容。

哎哟，看来你今天状态不错哦！我内心暗自窃喜，看来早上的情绪没有影响到你的发挥。

"嗨，小舢，这里！"这一次我学乖了，在你快要走到我面前时才低声唤你，朝你挥挥手。

你竟然对我咧嘴一笑。

我心头就像开出了幸福的小花，瞬间光辉灿烂。看来我的选择没有错，今天让你来百川是对的，你一定发挥不错。

"走，我们去找你老爸的车子，然后去吃饭。"我兴冲冲地说道，顺势把手搭在了你的肩膀上。

你身子顺势一低，我的手臂便从你的肩头滑落。我不高兴地瞄了你一眼，啥意思嘛，人家刻意没有问你考得如何，你怎么不领情呢！

"老妈，你别抱太大希望。"你没有理会我，边往前走边说道。

我一下子如坠深渊，刚才的光辉灿烂一下子被一种很不祥的感觉取而代之。随后，停住了脚步，等待你的后文。

"我很不喜欢这所学校！"你回过头，同样站定，直视我，"它给我一种很强烈的压抑感！"你继续说道。

我的脸唰一下白了。

"然后呢？"我怯怯地问道。我心脏突突地狂跳，好害怕你告诉我你已直接放弃了考试，虽然我知道你应该不是那样的孩子，但是，今天的你弄不好有可能真的会。

我紧紧地盯着你，似乎在等待你的宣判。

良久，你淡淡地说道："没什么，就是告诉你不要抱太大希望，这次来参考的都是牛蛙。"说完，转过身自顾自往前走去。

我舒了一口气，急急地跟上你的脚步。

"小舳，你想吃什么？"我讨好地问道。

"随便。"你的习惯性用语。

"嗳，你都没有碰到你同班同学吗？"我无视你的冷漠，继续问道。

"没有。"你简单回应，却加快了前进的脚步。

"这是好事情，这样你的机会就多了，如果百川在我们区要几个名额，你们学校又是我们区最好的学校，而参加这次开放日的同学不多，你被录取的机会就大大增加了。"我心头一喜，分析道。

"那是你认为，人家可不是这么认为的。没有来的同学都去了文渊！"你突然说道，抬头狠狠地盯了我一眼。

我心头一紧，终于知道你早上站在校门口一直张望的原因是什么了！你是在找寻你熟悉的同学，你希望也有那么些同学能和你一样，放弃了文渊，来到这所牛蛙汇聚的陌生的学校一搏。可惜你没有发现，所以你倍感失落。

"小舳，无论如何，不管你今天考得好不好，妈咪都要为你的勇气点赞！谢谢你跨出了这一步。"我再次跟上你的脚步，由衷地说道，"其实这次最重要的不是成绩，而是你的勇气，你敢于放弃、勇于挑战的勇气，若干年你回想起来，一定也会感慨万千！"

你再一次停住了脚步，不可思议地看着我，似乎在看一个陌生人。我面带微笑地看着你，眼神不躲不闪。我承认这些话是我的真心话，我感觉莫名欣慰。但是我也不得不承认，我内心其实还是对你的这次考试充满了期盼和憧憬，特别是看到你面带微笑地走出来。直觉告诉我，你这次应该考得不会差。

良久，你似乎终于从我的眼神中找不到一丝虚假，才如释重负地点点头。

"我知道今天参考的孩子个个都是牛蛙，很多都参加过自招培训的，还有很多参加过各种各样的竞赛，但是小舳你也是牛蛙呀，你也很厉害的呀。"想起刚刚在校园里听到一些家长聊关于自招培训的事，我为自己鼓劲道。

"老妈，"你突然低声唤我，然后转头看了看一脸兴奋和正能量的我，怯怯地说道，"你真的不要指望太高。"

我心头又是一紧，下一秒笑着安慰道："没事，只要你没交白卷就好。"

"其实差不多就是白卷……"你低声咕哝道。

一阵头晕，我身子晃了晃，简直不敢相信自己的耳朵。

"数学还好，化学根本就看不懂，还有物理也超级难，大都是竞赛题。英语基本是靠蒙的，也不知道对不对。又没有碰到我们同校的同学，所以我心里一点底也没有……"看我脸色煞白，你急急地解释道。

"我本来不想说的，但担心你对我期望太高，到时一下子失望，怕你受不了，所以……"你又看了我一眼，继续解释道。

"怎么可能啊！"我终于从喉咙里发出难以置信的声音。

"怎么不可能！是你太高估你儿子了，非要放弃文渊，来这所牛校的，现在你应该知道，你儿子真的没有你想的那么厉害，比你儿子厉害的孩子比比皆是！"我只是这么一句，你就像刺猬一样开始竖起了全身的刺，再次进入作战的状态。

我抬头看了看阳光，好刺眼！又看了看你这张紧绷的脸和警惕的眼神，我终于明白你刚刚走出校园时的那个笑容——你终于如释重负，你完成了我对你爱的"绑架"后的选择，你已经对得起我了！

好疲惫，好难过，好想哭……

面对你这头小兽，我突然没有了任何想要作战的力气！

4 结果——耗尽所有心力的等待

我不知道这一周是怎么过的！因为我不知道该用怎样的词语来形容我这一周的心情，似乎无须渲染，就到了无法想象的程度。

我期盼、我忐忑、我不安、我紧张、我慌乱、我焦灼、我恐惧……我的思维如坐上了云霄飞车，一次次把心脏抛上天际又跌入地狱。

是的，所有的自招都会在一周之内在网站上公布成绩。

我在这未知的等待中想象。不止一次张开希望的翅膀，想象你考出了让我惊喜的成绩，想象你之前表现出来的不理想都是假象。但又一次次地推翻了自己这种美好的希望，继而进入另一个悲观的空间——你的自我感觉和预估能力一向很准，你说没有发挥好，那是一定没有发挥好，所以不要再抱任何希望了。

这种让你绞尽脑汁想尽办法都问不到的成绩，唯一的办法就是等待结果，而等待几乎会耗尽你所有的精力和期盼。

"中考帮"里这几天就像炸开了锅，每分钟都有新帖，每个家长都在不停地追问各学校什么时候公布成绩，都在关心自己的孩子是否能拿到船票提前登上预录的船只，而自招考当天的成绩有着至关重要的决定权。

天德学校的成绩出来了。

当我接到你同学妈妈发来的微信时，我正站在办公室的窗台前看雨。初春的雨很细腻，霏霏细雨，看似很柔，滴落在手心却凉透了。

我急急地奔回办公桌，打开电脑，进入天德的招生网站，输入你所有的信息后，我看到了你的成绩，然后彻底傻眼了！

这不是一封有着具体成绩的成绩单，它上面全部是百分比，我看了后面的备注，才了解原来是占的百分比越大说明你的成绩越优秀，学校会根据每个学生的百分值择优录取。而你的成绩，没有一门是占了很大百分值的，特别是最后一项综合，竟然是小于 30%。

我不知道别的孩子怎么样，所以根本无法判断你的这个成绩处在一个什么样的水平。

——你家考得如何？

我编辑了一条微信，然后群发了几个那天一起去天德参加自招考的孩子的妈妈。我想通过他们的成绩来判断你的这个成绩是处在什么水平。

不一会儿，微信都回过来了。我仔细看了一遍，她们几个女孩都考得比你好，尽管有几个女孩平时成绩都在你之下。

我的心就像淋上了窗外的春雨，凉透了！

虽然那天去天德只是为了给你多一次机会，但是在面对这个成绩时，我心里还是很失落，我承认这种失落很多是来自攀比，当然还有一部分是来自对你的优秀所产生的怀疑。

看来真的如你所说，是我太高估了你的优秀，其实你没有我想得那么厉害。

虽然失望至极，但是我依然心存侥幸，也许你的这个成绩在当天参加自招考的孩子中并不是最糟糕的，也许你还有机会得到天德的垂青。我就是抱着这种心态打开"中考帮"的。

果然不出我所料，这里早已热议纷纷。一些已经公布成绩的学校让那些参加自招考的家长们再一次疯狂了，正上演着几家欢喜几家愁的剧情。

我特地找到了关于天德学校的帖子，进入了讨论区，里面上演着同样的剧情。我刷了刷，发现很多孩子的成绩似乎都比你高，而且这些高分的家长还在担心会不会被天德预录取，那么我这个考了低分的孩子的妈妈还好意思在论坛里说话吗？我默默地退了出来……

没事，反正这所学校并不是你想要去的，如果你考好了反而会在去或不去中纠结头疼，这样少了一个选择不见得不是好事。我心里这样安慰自己。

但是我还是失落难过害怕，这种情绪并没有因为我刚刚对自己内心的安慰而减弱，反而发酵得越来越严重。

天德的试卷比百川的容易，而且它有一所总校和两所分校，竞争肯定没有百川激烈，但是你连天德都竞争不了，那么百川你还有资本和能力竞争吗？

——不知百川学校的成绩什么时候出来，有哪位家长知道？

我再一次进入"中考帮"，这次我不是去看帖子，而是发布了一条帖子。我内心有一种强烈的欲望，希望快点知道你百川的成绩。人就是这样，当面对一个失望后，特别期待有另一个希望来弥补前面的失望。我目前就是这种状态。

没几分钟，手机屏幕开始不断闪现。打开我发的帖子，发现后面一下跟了很多回帖，基本都是在表达自己内心焦灼的，或者在煎熬中等待的话。其中几个妈妈的话更是把这种担心和害怕演绎得淋漓尽致。

——怎么办，怎么办!!! 我最近都睡不好，天天做噩梦，盼着成绩快点出来又担心它出来，俺家的娃说当天状态不好，发挥有点失常。

——我也睡不着，总是不断地醒来。也特别担心，要知道我们可是放弃别的学校直接奔赴百川的呀，如果没有考上，只能拼裸考了，心塞……

——我早就没有任何工作的心情了，做什么事都提不起精神，一心都想着这个事，有没有同感的家长?

这时候我发现：原来每个家长都像我一样，充满了不安和焦虑；原来大家都和我一样，除了等待毫无办法。

——别的学校基本上都出来了，怎么百川还没有出来呢?
——听说每年百川都是最慢的，名校嘛，总是喜欢摆架子咯。
——人家四大都不摆架子，还轮得上它摆架子?

家长们在极度的不安和煎熬中很容易产生抱怨情绪，而且这种情绪一旦滋生，就跟焦虑一样，会容易传染。

——我这几天已经忍不住打了好几个电话了，说成绩出来了到时网上会统一公布的。

其中一个家长在这些抱怨情绪后头跟帖了，她的这句话像一颗地雷炸开了。

——这不是等于没有回答嘛，我们现在不就是想知道成绩什么时候出来吗？

——这老师能不能理解一下我们这些家长啊，这种等待真的不好受啊！

——唉，别提了，我感觉当初孩子他妈生他时，我都没有这么不安和焦灼过……

——这"到时"到底是什么时候啊？能不能给个准确的时间啊！

在这些家长发泄情绪的时候，我去做了一件事，打电话去问百川学校，问了楼上一个妈妈问的同样的问题，只是我多问了一句：请问老师您说的到时，大概是什么时候呢？

——我刚刚给百川电话了，老师回复说最多一周内就会出成绩，现在已经过了五天了，也就是最晚周日就会出来，大家耐心等待好消息吧。

当我写到"好消息"三个字的时候，心脏莫名慌乱了一下。哦，我的孩子，我多么希望几天之后真的能等到你的好消息啊！

傍晚，我依旧在校门口等你。

你比平时早了几分钟，撑着伞急匆匆地从校门口冲出来，看到我的车子后，直接就奔过来，似乎有什么很重要的事情。

"老妈，天德的成绩是不是出来了？"你半个身子还在车外，就急急地问道。

原来你这么焦急的原因就是因为想知道自己在天德的成绩，看来你们同学之间的消息分享很及时。

"嗯。"我点了点。

"考得不好？"你放下书包，身子往前凑过来，盯着我面无表情的脸，试探道。

我转头看了你一眼。你的小脸通红，却很严肃，一双眼睛里流出希冀的光。我突然有些不忍心，不忍心把真实的成绩告诉你，不忍心看到你的眼神从希望到失望。

"嗯……还好吧，"我嘴角扯了一下，尽量让自己露出一点笑脸，装作轻松地说道，"主课还都不错，就是综合有点差……"说完，对你吐了吐舌头。

"哦？"你有点怀疑，随即追问，"那我考了多少？"

"嗯，"我思索着怎么回答你，停顿了一下后说，"没有具体成绩，就是百分值。"

"我知道呀，我们班级几个和我一起考试的同学也没有考好，有个同学数学还小于 30%，有个同学是英语和综合小于 30%。"你絮叨着。

"啊！"我惊呼，"真的假的？"在我的潜意识中，能拿到天德邀请函的孩子应该都还是蛮优秀的，我本以为你的成绩已经很烂了，没想到真的还有人比你的还要烂，看来我无须担心你的小心脏承受不住了。

"真的啊，都是学霸啊，都说是竞赛题，做不出啊。"你回应，随后又追问，"我到底考了多少？我还对他们说，我一定考得比他们好呢。"说完，你紧张地盯着我的脸，似乎想从我的脸上看到你的成绩。

"你放心，你考得比他们好，语数英都是 70% 以上，就是综合小于 30%，"我回应你，随后又不以为然地说道，"反正这所学校我们也没有兴趣，所以就当是我们去试试笔，探探自招的水有多深，成绩嘛也就无所谓啦……"

嘿嘿，这次你没有回应我，只是对我咧嘴笑了笑，然后斜躺在了后座上，眨巴着眼睛，似乎在思考什么。

我从后视镜看了看你，不打算再搭理你，因为我所有的心思和情绪都在两天后百川学校将要公布的成绩里。面对突然沉默的你，我权当是你在思考自己未来的人生吧。

终于盼来了周日，我却比平时起得还早！早早地去菜市场买了你最爱吃的菜，早早地把家里的卫生打扫好，然后急急地把你送去兴趣班。

在这段忙碌的时间里，我假装把这件粘在心头的事情不当一回事。但我还是时不时地看手表。我不得不承认，这时间的秒针一不小心被按在了我的心头，滴答……滴答……让我瘆得慌。

终于熬到了上午十点，我直接关闭了正在写的小说——其实一个字都没有写，进入了百川学校的网站，输入你的登录密码后，深深呼了一口气，闭上了眼睛。在等待页面跳转的空当，我让自己的内心做一下准备。当我睁开眼睛，扫射页面时，发现页面还是之前邀请函的页面，没有任何改变，甚至连标点符号也还和之前一模一样。

"难道我搞错了？"人的第一反应就是怀疑自己。

我关闭网站，重新操作一遍，一如既往。

"哦，看来成绩还没有出来……"我嘀咕着。虽然很害怕看到成绩，但是真的没有看到，内心还是有点失落的。

进了"中考帮"，里面依然热闹非凡，上下刷了刷屏，却意外地发现，今天没有任何一篇关于百川学校的帖子。

"再等等吧，也许今天是周日，老师没那么早上班……"我找了个听起来很恰当的理由安慰自己。

好不容易又捱到十二点，再次进入百川的网站，眼睛眨也不眨地盯着屏幕，网页还是原来的网页！我怀疑自己是不是根本没有重新打开过。

我终是心神不宁了，那种等不到消息的情绪再一次裹挟了我，我又一次跳入了无数煎熬和不安织就的大网里。我终于明白，这两天看似平静的情绪，完全是因为前几天打电话问到的消息给支撑着，当发现希望似乎要落空后，这种情绪再次卷土而来，如猛兽一般。

哦，不，应该是困兽！因为我没有熟悉的家长可以交流，至少我认识的家长中，他们的孩子都没有参加百川学校的自招考，所以我无助，特别的无助！

我再一次打开"中考帮"，此时它是唯一能让我获得一些关于百川学校消息的渠道。这一次我看到了有家长发的关于百川学校的帖子，我如一个溺水的孩子抓住了一根救命草。

——怎么现在还没有消息？快疯了！

——这简直就不是人过的日子！我这一整天什么事都没有做，就坐在电脑前等成绩了！

——一个焦虑的母亲，一个淡定的娃。你们是不是也这样？

……

原来每个参加百川自招考的家长都在煎熬，我感觉找到了一帮同样和我溺在水中的人，内心莫名有了一种淡淡的安全感。

接着下午两点、三点、四点，直至五点。每隔一个小时我都会重复相同的动作去打开这个熟悉的网站，只是看到的内容从未改变过。

一颗期待的心终于彻底走向死亡——今天百川学校是不可能公布成绩了。一种被欺骗后的愤怒如潮水般涌上心头，我想骂人，我想狠狠地骂这所学校，骂那天接我电话告诉我今天会出成绩的那个老师，但是我不敢骂，我怕骂了你就得不到好成绩了；我担心骂了亵渎了它在我心目中美好又神圣的形象——毕竟在你还没有拿到邀请函的时候，它在我的心中就像是一个遥远得无法企及的梦。所以，我把所有的愤怒再次化作了焦虑，隐藏在身体的每个角落，却又不敢在你面前表露出丝毫。

我要淡定！保持淡定！

临睡前，我还是忍不住再次进入了"中考帮"，又一次刷屏。

——等了整整一天，又落空了，何时才能等到啊？

——不管好与坏，都给个结果呗，痛快点，不然真的太难受了！

——看来今晚又是一个不眠夜，成绩没有等到，怎敢睡觉啊……

我看着看着，眼眶不觉红了，心很痛，为这些心系孩子的家长们，还有自己。这熬人的自招啊，你何时是个头？

"等明天吧，今天周末，老师们应该都休息，明天肯定会出来。"枕着这个理由，我渐渐闭上了眼睛。

出来了！

第二天中午，午休。当我坐在办公桌前，刚刚要啃一口苹果时，电脑的页面上显示了你的成绩。

"怦！怦！怦！"我听到心脏加大了马力撞击胸腔的声音，一双眼睛突然发涩，模糊了视线，我努力吸气呼气，跷着的二郎腿来回切换姿势。

我是有多紧张多害怕多激动啊！

看清了，一颗心从云端直接跌到了大地上，我听见"砰"的一声，这不是心脏撞击胸腔的声音，而是跌落在地上的声音。

142分！

我耗尽所有的心力，茶不思夜不眠，担惊受怕了整整一周的所有结果难道就等到了这样一个数字？这一刻，我真的听到了心碎的声音。小觞，你太让我失望了！你也太残忍了，你把我所有的想象和梦想都捏碎了，连一点点的希望都不留下。我回忆起上周在百川学校听那个男同学说的，他说150分也许有被录取的可能性，而你距离这个分数不是一分两分，我真的好想哭，想号啕大哭，为自己最近所有的付出。

身心疲惫的我只把目光定格在这个数字上，却忽视了下面的一段话。当我双手靠在办公桌上，把头深深埋在臂弯里一阵沮丧后，再次抬头望向电脑屏幕时，我看到了成绩下面的一段话：总体测试成绩较好，已被列入预录取名单，请拿到学校推优名额后，及时编辑短信"学生姓名加学校名称加拿到推优名额"的字样发送到 578*****。

这是什么意思？我立马从椅子上跳起来，刚刚死寂的心脏再一次开始怦怦乱跳。

这是几个意思？

——列入预录取名单？算是被预录了吗？还是还要精选？

——拿到学校推优名额……这算是什么？是不是必须拿到推优名额才有机会被预录？如果拿不到是不是就没有机会了？

——发送短信？这个号码确定可以发短信吗？还有为何要提前发送短信呢？是不是还是要在拿到推优名额的学生中择优录取呢？

我的脑子开始飞快运转，突然发现一向对语言理解能力很强的自己变得弱智了，纠缠在这些文字中，竟理不出一个思路来。

但不管如何，我还是看到了希望，看到了希望的曙光。我内心雀跃不已，但下一秒我又被另一个烦恼给困住了——你有可能会拿到推优名额吗？在这所人才济济的学校，你有机会拿到推优名额吗？

5 家长会——我们需要一个推优名额

今天是你们的二模考，下午是全体初三学生的家长会。听说这次家长会很关键，学校要求每个家长必须参加，主要是涉及很多家长和学生都关心的话题——怎么自荐和怎样推优的政策。

我内心怀着一个推优梦，所以早早地就来到你们学校的会议室。没想到，很多家长比我来得还早，大大的会议室早已座无虚席。

我和你同学的妈妈找了最后面的空位坐了下来。没多久，一个瘦小又精神的老人，双手背在身后，大踏步地走了进来。他是你们的校长：一个很有思想，个性鲜明，教学有方法的老人家，浑身透着一股老学者的气质。

他径直走向讲台席，落座后，直奔主题。他先介绍了什么是"自荐"：自荐按理说适合所有的同学，但也是先要考量自己的学习成绩和能力，不要盲目地跟风和攀比，浪费时间和机会。他说成绩优秀的同学，学校建议可以去冲刺市区比较好的学校，比如四校，但也不能太贪，不要吃着碗里的还看着锅里的，一定要选最适合自己的，不然伤神又伤力。如果是中下游的同学，就不要把时间浪费在自荐上了，除非你有特别的专长，比如获得过全市比较有名的奖项，不然你基本上是没有能力和实力去和那些优秀的孩子抢夺机会的。当然我们学校的孩子都是相当优秀的，但自荐可是全市竞争啊！

随后，他清了清喉咙，说道："自荐有两个志愿，都是平行的，没有先后之分，也就是说，如果你没有被第一志愿的学校录取，也许就被第二志愿的学校给录取了。"说完，他犀利的目光扫了一遍全场的家长，继续温言款语道，"所以我们的孩子们在选择学校上一定要慎重，一定要切合自己的实际能力，不要好高骛远，也不要委曲求全。其实吧，我个人觉得，我们区的文渊学校也是相当不错的，教学质量上比起市区的一些好的学校也不差，而且这两年往上攀升的趋势也非常明显，如果有些学生不想在高中寄宿，那文渊绝对是你最好最佳的选择。"

他话音刚落，刚刚还寂静无声的会议室一下子热闹起来，家长们开始交头接耳，低声交流着。我转头看了看坐在身边的你同学的妈妈，她低着头正在记录些什么。

而我的思绪又开始不安分了。听你校长的意思，自荐的话也要深思熟虑，不能错过机会也不要把精力浪费在没有机会的学校上。我知道之前所谓校园开放日只能算是"相亲"，看看学校和学生之间是否能真正对上眼，而接下去的自荐才是真正的敲定关系。所以一般家长和学生都会选择前段时间去参加过校园开放日的学校，这样成功的机会可能会更多。如果去自荐那些没有参加过校园开放日的学校，也许只是去凑个数，当别人的配角，因为学校不会把机会让给没有"相过亲"的学生，除非这所学校有很多孩子弃坑，那也许还有机会。但是话说回来，很多孩子弃坑的学校，谁还会去选择呢？关于这些东西，其实也是我最近在"中考帮"里获悉的，看到的时候，身子不止一次打寒战，但是现实就是这么残酷，我们只能面对和接受，除非你放弃自荐，直奔裸考。但于你而言，不去争取自荐，实在是太遗憾了。

不！我一定要争取让你拿到推优！我在心里呐喊。

"下面，我再来说说推优。"校长的话打断了我混乱的思绪。我挺直脊背，竖起了耳朵。

"推优和自荐完全不同，虽说也是两个志愿，但是一般好的市重点都只看第一志愿，也就是说，你的第一志愿很重要，填了什么样的学校就倾向于什么样的学校，也就会被什么样的学校录取。所以家长们在填写第一志愿的时候一定要慎重考虑，不能当儿戏啊，一旦填错，就来不及啦。"校长不紧不慢地说道。

"至于推优名额，是市教委统一规定的，每个学校都是一样的，都是 7%，所以我们学校也只有 7%，"校长铿锵有力的声音再次传进我的耳朵。我紧紧看着他，他的眼里分明流露出了一种爱莫能助的情感，虽只是一瞬间，还是被我捕捉到了。"我们学校是最优秀的学校，里面的优秀学生数不尽，如果看一模和二模的成绩，很多孩子都可以拿到推优，但是……"他停顿了一下，一双睿智的眼睛轻轻扫过台下的家长们，"但是，教委不会多给我们百分比，作为教委要对每所学校、每个孩子负责，公平、公正、公开……"瞬间，我听到台下很多家长的叹息声，包括我自己。他们也许和我一样，心里很清楚这 7% 的推优很难落到自己孩子的头上，但仍心存奢望，希望作为名校，教委也许会网开一面，给的名额会相应增加。如今校长的这句话，直接就把这种奢望给破灭了。

"不过，"校长突然话锋一转，脸上露出了难得的笑容。我立马竖起耳朵，身子坐直，双眼发光地盯着讲台席，生怕一不小心就听漏了一个字，"我们学校还是会建议一些相当优秀，且自荐肯定没有问题的同学，能主动把名额让给那些真正需要推优的同学，这是一种美德，我们的孩子们都有这样的美德。"说完，他又扫视了一遍台下的家长们。

我的脑海中开始快速搜索你这几次的考试排名，掂量着你能否进入推优的名单。

"你家小舳应该可以的……"坐在我身边的你同学的妈妈突然用胳膊肘碰了碰失神的我，低下头，小声说道。

"怎么可能，人家比我们还要优秀，我家小舳拿什么和别人比？"我低声回应，心里却再次盘算你的成绩是否有可能进入推优名单。如果只是看一模，估计你没啥优势；问题是你们二模今天才能考完，尚不知你考得如何？会不会和一模一样，发挥小失常？不过，听说还要看初二第二学期的期末考试，对了，你那次考了多少呢？我怎么不记得了呢？要命了，我怎么可以忘记呢？二话不说，我从包里拿出了手机，手指在屏幕上滑动。我记得你的每次成绩我都拍照留存了。我一遍又一遍地翻动照片，眼睛紧紧锁住这么一小块屏幕，怕自己错过了……五分钟后，一无所获。自责开始涌了上来——我怎么可以不记得你初二的那次成绩呢？明明知道那次成绩很重要，我怎么可以忘记呢？

"别瞎想了，你家儿子没问题的。"你同学的妈妈似乎看穿了我的心思，安慰道。

我扯了扯嘴角，苦笑了一下。当很多人都说你很棒，说你没问题的时候，只有我自己心里明白，这些安慰其实真的很苍白，我需要的还是答案，比如身边小周的妈妈，她的女儿已经接到文渊学校预录取的电话，自荐是势在必得。而你，我亲爱的小孩，到现在还不知道目标在哪里。天德肯定是没有希望了，文渊因为你的"不忠诚"，可能也不会考虑你，而唯一有消息的百川，却一定要你拿到推优名额。哦，我的孩子，不知道哪所学校会青睐你，你的母亲——我，更是一颗心被悬在半空中，晃得慌。

"各位家长请放心,关于推优,我们始终秉持公正、公平、公开三大原则。我们会根据孩子的一模二模和初二最后一学期的成绩,还有平时的综合表现来评定……"校长继续说着,而我的心早已不在这个教室里了。

你们班级,有点阴盛阳衰,虽然你是男一号,但似乎很难考过你们班的女二号,甚至是女三号。同样,你们班级的男生也很少能考过你,不过大家都铆足劲,谁也不想被大部队落下。中考越来越近,大家都在使出浑身解数,用力往上蹿,希望给初中生涯画上一个圆满又精彩的句号。唉,名校就是名校,牛蛙就是牛蛙,家长们奋力让孩子往前跑,老师使劲把学生往前推,孩子们更是埋着头,用力往前顶,在这样一个学习氛围里,想要超越别人,拿到一个推优名额,真的比登天还难……不过,如果按照你们班级的成绩来说,你能拿到推优名额的概率也不是没有。

我要帮你争取到这个推优名额!这个念想如魔咒一样禁锢着我的整个大脑。

"你家小周自荐肯定没有问题,如果推优名额轮到你们,你们会让出来吗?"我带着开玩笑的口吻问道,然后眼睛直直地盯着她。我心里很明白,其实这句话我问得好自私,还带有试探的味道。

"看吧,还不确定呢……"小周妈妈模棱两可地回应着,躲开了我的目光。

我心里"咯噔"了一下,在利益面前每个人都敏感得像只刺猬,一触即发。扪心自问,难道自己不自私吗?如果换作是你,那么我会把推优名额让出来吗?我的答案也是不确定。作为母亲,护着自己的孩子是天性，在还没有确定的情况下，我想我也不会让你去承担风险，哪怕是万分之一。

一切都是为了孩子！

我昏昏沉沉地从会议室走出来，满脑子都是推优这件事。随着人群走到了你们的教学楼，这才想起今早和你约好，开完家长会后顺便去你的班级接你回家。我抬手腕看了看手表，时间定格在下午四点三十分。我想今天是你们二模考试的最后一天，按照惯例，你考完后都会和同学对答案，应该没那么快想回家。我似乎想到了什么，向四处张望了一下，随后朝着空荡的操场走去，而且脚步越走越快，似乎有很重要的事情去做。

是的，看到时间尚早，看到未到五点，我想给百川学校打个电话，确认一下网页上成绩后面的那句话到底是不是我所理解的那样。我边走边翻出收藏的百川学校的网址，然后把电话号码直接复制了过来。操场上真的很安静，很空旷，我边努力平息自己快速跳动的心脏，边沿着操场的跑道慢慢行走。

我用颤抖的手小心翼翼地拨通百川教务处的电话，把手机紧紧贴住右耳，屏住呼吸，倾听无线电波那头传来的声音。我昂起头，黄昏的天空竟然蓝得没有皱纹。我突然有点失神，以致手机那端传来"喂"的声音后，我惊得差点把手机丢掉。

"哦，喂……"我紧张得不知所措，连最基本的礼仪似乎都忘了，脑海瞬间一片空白，似乎忘了自己打这通电话的目的。

"喂，喂……"一声急促的女中音再次传来，她好像很焦急，也许手头正忙着别的事。

"喂，老师您好，"我终于缓过神来，使劲把狂跳凌乱的心给压制了下去，让大脑恢复正常，虽然紧张，却不至于语无伦次，"请问这里是百川学校吗？"

"是的，你有什么事吗？"那头的声音依然急促，急促得让我本来放松了一点的心再次悬了起来，又有点不知所措。

"哦，"我用力地吸了一口气，再次平复狂跳的心，努力用不紧不慢的语气说道，"老师好，我是家长，我想咨询一下，我们有参加过贵校的校园开放日，后来网页上显示说如果拿到推优名额，就和贵校联系，我想……我想请问一下这句话的真正意思。"我一口气把内心的问题都抛了出去，虽然声音在颤抖，但感觉内心轻松了很多，耳朵自然更是不敢开小差，用心听对方的回应。

"嗯，如果你孩子的成绩单后面有收到这样一段话，就请你们拿到了学校的推优名额后，第一时间和我们学校联系，发送短信给我们，到时我们会根据各区的推优名额进行录取工作，"急促的声音似乎稍微缓和了一点，但还是感觉到这位老师有点急，也许她天生就是急性子，"问题是你们拿到推优了吗？"她突然问道。

我一愣，一颗悬着的心猛地直接掉落在地上，"啪嗒"一声碎了，是啊，这让人梦寐以求的推优啊！

"老师，是不是没有拿到推优名额就没有机会了？"我没有回应，而是反问了她。

"没有拿到推优，你就没有必要和我们联系了。"急促的声音里透着一股寒冷。

"如果我们自荐呢？"我继续追问，感觉这个问题问得多余，但我还是不想错过任何一个信息。

"自荐我们是不会要的。"这次让我感觉一股拒人于千里之外的寒冷，寒冷得让穿了风衣的我都忍不住发抖。

"哦，谢谢老师！"良久，我才吐出了一句无力的礼仪词。

我垂下了右手，怔怔地站在操场上，看看天空又瞧瞧大地，似乎在找寻蓝天的皱纹，又似乎在寻觅大地的味道，我迫切需要一些东西，好给我一种存在感。直至身边传来孩子的交谈声，我才惊觉，你们应该考完了，放学了。

我整理了一下思绪，捋了捋不知是被风吹乱还是被思绪打乱的头发，加快脚步朝着你的班级走去。边走边回想刚刚的那通电话，内心越来越急迫地想要一个推优名额。

你的班级在教学楼的四楼，很宽的楼梯，却有很多台阶。不知是我心里装着心事还是真的年龄大了，感觉台阶是那么高那么多。当我气喘吁吁地爬到四楼，走向你的班级时，就听到了小周同学双手捂住红彤彤的小脸，嘴巴微嘟，可爱地娇嗔道："学霸，学霸，嗯，小舢是学霸……"她边说边跺脚，右手指着站在班级门口的你。

我很纳闷地向前走去，疑惑的眼神扫过始终面带羞涩又自信的笑容的你。只见你抿着小嘴，两个深深的酒窝藏着一丝不易察觉的自豪。

"阿姨，小舢是学霸！"小周同学看到我，急急地和我说道，"他实在是太厉害了，真的是学霸！"说完，她又捧住两边的脸颊，不停地摇晃自己的脑袋，煞是可爱。

"什么学霸啊？"我被你同学的语言搞得丈二和尚摸不着头脑，根本不知道发生了什么。

"哎呀，这次二模的数学，我们全班都没有做完，只有小舳和小周两个人做完了，而且还是满分！"一直站在我身边的小谢叽叽喳喳地叫开了。

我内心一喜，刚刚的愁容一下舒展开了，眉眼中带着笑和惊喜，眼睛看着你，却反问小谢："真的吗？有这么难吗？你怎么知道他做完了？"不管如何，我还是不相信你真的有那么厉害。

"当然是真的，女一号都没有做完，小舳说他都做完了。"站在你旁边和你关系很要好的小李急急地说道，语气里明显地流露着羡慕。

我又看了你一眼，你边点头，边微笑，还是一副很害羞的样子。

"他都和小周对过了，难题都没有错，肯定是 150 分了，他数学本来就是学霸，谁考得过他？"小谢白了白眼睛，再一次叽叽喳喳地叫道。

"对啊，他都做对了……"小周依然捂住脸蛋，嗔怪道。

"你不也做完了吗？"我想起刚刚小谢说的话，反问道。

"可是我不一定都做对了呀，小舳说他都做对了。"小周又是边说边跺脚。青春期的女孩真的很可爱！

随后我看到小周的妈妈白了她一眼，嘴角露出了宠溺又失望的笑容。而我直接跑到你的面前，不相信地问道："小舳，你真的全做对了吗？"

你看了看我兴奋得发光的脸，点了点头，补充道："如果没有意外就是满分。"言语很自信啊，我知道你估分很准，对自己的感觉也很准，如果你说满分，基本上不会低于 149 分。

也许就是因为这样一个信息，让我内心对那个推优名额更加向往。看到你班主任被一帮刚刚开完家长会的家长们围绕着，我也就放弃了想和她说的想法，用力咽了口口水，把所有的欲望都压在了喉咙里。

学霸加油站

1.学习态度：尊重每个老师的每一堂课；认真对待每一次家庭作业，不抄袭不漏做不假做；把每一次考试都当成重要的考试；数学题目养成检验的习惯，做的时候审题要仔细；英语课外阅读一般都要看两遍以上方可落笔，做完试卷后养成检查的习惯。

2.学习习惯：做好课堂笔记，最好用两种笔：一种用来记录老师说的问题点，一种用来记录重点问题。在上课时，学会带上"为什么"三个字去听课，对于老师提出的问题或者是解答的问题，学会思考为什么老师会这么问，为什么老师会这么解题……对于不会做的题目专门用本子记录下来，时不时翻开看看。

3.学习方法：当日的知识要当日消化，做作业前先复习当天的学习知识点，做完作业后要预习明天的教学内容；每一门科目都要有笔记和错题整理本；每一次考试试卷要统一整理，把经常犯错的题型罗列出来，时不时看看，再找些相同的题型反复操练。

第三章

未知像一道魔咒，把情绪发酵到极致

别忽视每一次考试，因为每一次考试都有它存在的意义。别看不上考试，因为除了考试成绩，你根本不知道自己的优势在哪里。没有优势的你，连选择的权利都没有，更别说有机会了。考试就是一个筛选机制，你考得不好，必然会被淘汰。在这条道路上，总有失败者和成功者。你想要做成功者还是失败者，关键在于你自己的心态和要求。

1　迷茫——孩子，我们该何去何从？

"小舳妈妈，小舳确定去百川学校吗？"

"是的，老师，我们确定要去百川学校，百川那里我也打过电话，学校明确告诉我必须要拿到推优名额，不然一点机会都没有，所以……"我看着窗外的一棵香樟树，中午细碎的阳光正像展翅的小鸟，扑棱着翅膀在树叶中用力往上跳，"所以，老师，拜托您帮我争取一下好吗？"

"小舳妈妈，作为老师，我很看好你家小舳；但作为班主任，我要对每个学生负责，要公平、公正和公开。如果小舳确实能被选入备选名单，我一定尽量争取；反之，还请家长理解，配合我的工作，好吗？"

"好的，我理解，谢谢老师！"

挂了你班主任的电话，我迟迟没有动，如木偶般站定在窗前，随着心脏快速地跳动，脑海本来强制关闭的思绪如开关一样，"咔嚓"就打开了……

自从那天家长会后，我的一颗心更加不安。本以为知道你百川的成绩后，心头会放松一点，却怎么也没有想到新一轮的焦灼和不安就在不远处等着我。这时候我才深深地意识到，"自招"这条路，其实才刚刚开始……

本来那天回来后就想给你班主任电话的，但想到周六周日老师们统一批改二模卷，应该让你班主任好好休息才是，所以就暂时打消了念头。但我的那颗心啊，像被一个叫做"不安"的家伙下了蛊一样，始终处在焦灼和忐忑中。我真的不能再这样坚持下去了，所以在周六晚上，趁你还在吃晚饭的时候，我偷偷溜上三楼，关起门来，准备给你班主任打电话，把自己的想法和她明说，想再听听她的建议。只是在按下电话的一瞬间，我突然改变了主意。是的，我怕自己因为情绪的问题说错话，更怕听到你班主任说，小舶没有资格被推优这样的话。我知道我已经无力再承受这样的打击。

所以我决定还是微信，这样也许是最好的选择。

——老师好，不知推优名额什么时候开始评估？

——嗯，估计二模成绩出来后就开始了，在 5 月 3 日之前必须完成的。

——嗯，谢谢老师！不知小舶有没有机会能拿到？

——这个还要看整个综合评估的，都是公平公正的，你放心吧。

我的心猛地一凉，看来真的如我所料，你似乎很难拿到推优名额。但我还是要为你争取，还是想把自己的需求告诉你班主任，不管行还是不行，我都要努力一下，也许你是有资格拿推优的呢！

——老师，昨天下午开完家长会，我打电话问了百川学校，人家明确告诉我必须要拿到推优名额，您知道，百川学校一直是我想让小舳去的学校，如今它伸出了橄榄枝，我真的不想放弃。

——小舳妈妈，你的心情我很理解，我也很看好小舳的，但是推优的政策学校暂时还没有出来，而且也要看这次二模。

——没事的，老师，如果小舳的成绩不达标，我能理解的，不会难为老师。只是站在一个母亲的角度，我比较自私，还是特别想要这个推优名额，谢谢老师的理解！

——嗯，好的，到时成绩出来后再说。作为班主任，我也希望给他一次机会，毕竟是百川学校；但我也要对别的同学公平公正，也要给其他同学机会……

新的一周，我的等待转移了方向，不再把注意力集中在百川学校上了，而是转移到了你的二模成绩上。我内心很清楚，只有你的二模成绩优秀，我才有资格去想念百川。一大早送你去学校之后，本来想直接去单位的我，不知怎么猛然想起一模前你半夜玩游戏而导致一模考发挥失常。随后大脑像被抽掉了所有的思维一样，脑子里只有一个想法——我要彻底阻止你和游戏再次接触！

我踩着油门疯了般冲回家，似乎迟到一秒，我就会改变主意一样。回到家后，我不管三七二十一，直接拔掉了所有的网线，然后把路由器藏在了连小偷都找不到的地方。

当然，我是不会告诉你我的真实想法的，而是找了一个很蹩脚的理由——路由器坏了。为了掩饰我的谎言，在傍晚接你回家的时候，我特意还把语气调成了很突然很惊讶的频率。

"哎呀，小舢，告诉你一个非常不幸的消息。"我表示很抱歉也很失落地瞄了你一眼。刚刚从车里走出来，背着书包哼着歌的你准备进入楼梯的脚步停了下来，用一种看似平静却带着好奇的眼神看着我，随口追问："什么消息？"

"我们家的路由器今天竟然莫名其妙地坏了，整个网络瘫痪了。"我假装心烦地说道。

你"哦"了一声后，淡淡地说道："那和我有什么关系，反正你也不给我玩游戏的……"说起游戏，你的情绪很低落。

我才不管你低落的情绪呢，拔掉所有的网线就是为了断掉你所有的念想。紧接着，我就顺水推舟地说道："那我就不去修了，最近我也挺忙的，正犯愁呢。"

你似乎想起了什么，突然又追问道："不会连楼上的 IPTV 都不能看了吧？"问完，眼睛直接看向了我。

我躲闪了一下，平静地说："是呀，不能看了。"

你眼睛直直地盯着我，随后从鼻子里冷哼了一下，脊背僵硬地走进了客厅。我一愣，一丝不祥的预感涌上了我的心头。

"楼下的电视能看的呀，小舢！"我在你背后急急地大叫了一声，似乎想弥补些什么，虽然我知道说什么都已经没有用了。

走进客厅，发现你没有像往常一样，回家就把头钻在冰箱里翻你最爱喝的养乐多，沙发上也看不到你四仰八叉躺着的身体，花园里的篮球架下也空空如也……

咦？你去了哪里？难道说真的生气了？

我也没有像往常一样，走进厨房，准备晚餐，而是奔向了二楼你的房间。

"小舳，小舳……"我边推开你的门，边叫道。

你戴着耳机，摇晃着身子，已经坐在书桌旁，打开了文件袋，开始做作业了。不知是你假装听不到我的叫声，还是真的听不到，总之你沉浸在你的世界里，音乐的世界里。

"今天太阳从西边出来了？"不管你是否能听到，我依然调侃道。

你剜了我一眼，没有接应，继续摇摆着身子，嘴里哼着歌，把我当做空气，哦，不，是废气！我当然是尴尬地摸了摸鼻子，知趣地退出了房间。

不知从什么时候开始，我似乎成了被你嫌弃的那个人。每天除了照顾好你的生活之外，其余的我都在你的视野之外。

厨房里，我边炒着你最爱吃的虾仁儿，边思考着关于你的所有问题。周五考完的二模卷是否已经批改好？照以前的惯例成绩应该今天会出来，不过你班主任说可能要明天上午。不知你这次考得如何？数学会不会真的如你所说得了满分呢？不知最后推优名额能不能拿到？如果拿不到，那么自荐去哪所学校？我们的方向到底在哪里……

空气中传来一股烧焦的味道，我才发现失神的自己把你最爱的虾仁给炒焦了。

"砰"地一摔，我把整个炒菜锅扔进了水池里，连这些虾仁都欺负我！吃错药的我似乎还不解恨，把水龙头开到了最大，任由水花像突然爆炸的烟火一样到处乱溅。锅里发出一阵"滋"的声音，像极了虾仁儿临死前的最后一声叹息。

我双手叉腰，看着这些无辜的虾仁无缘无故地为我多变的情绪埋单，心头竟然滋生出一种幸灾乐祸。下一秒，我就傻眼了，这些虾仁成为我的出气筒，那你晚餐吃什么呢？要知道最近只顾沉浸在你自招中的我已经忘了上次什么时候去的超市，家里的冰箱闹空城计好几天了。一心不能两用，冲动是魔鬼，凡事三思而后行……这些平时用来说教你的语句突然全部冒了出来，在空气中嘲讽着我——这不是搬起石头砸自己的脚嘛！

"老妈，你在找什么啊？"正当我弓着背，把大半个身子钻进冰箱里时，背后传来了你疑惑的声音。

"怎么有烧焦的味道啊？你煮什么了？"未等我回应，你又叫道。

我终于不情愿地从冰箱里抬起头，迎上了你正捏着鼻子、皱着眉头、伸长脖子往水池里探的样子。"这些虾仁怎么招惹你了？竟然如此下场？"你捂住嘴巴，装作一副受惊吓的样子。

"很简单啊，它们不听话啊……"我边双手空空地走到水池旁，边一语双关地说道，语气很平淡。

"咝……"你倒抽了一口冷气，然后双手抱胸，又朝着水池里迅速瞄了一眼后，阴阳怪气地嘟囔道："中年妇女真可怕！"随后，不等我反驳继续说道，"老妈，你说你是不是得了更年期综合征啊？"说完，还不忘瞥了我一眼，那小眼神怎么看都像在嘲讽啊。

本来就心浮气躁的我，被你这样的语气给惹火了，确切地说应该是惹得委屈了，心头一酸就开始抱怨："我还不是因为你啊，你以为我愿意这样啊！每天为你操心操肺，你还不懂得感恩，竟然嫌弃我是中年妇女！说我早更！"

"你可以不操心的……"你咕哝道。

"我能不操心吗？中考就在眼前了，而你却还不知道今夕是何夕，此时又是何时！每天浑浑噩噩，都不知道在做啥！"委屈变成怒火，就势在厨房间点燃了，噼啪作响。

这样的场景，最近已是习以为常，你的耳朵早已有了免疫力；而我也意外地发现，每天似乎都在重复同样的话。

一楼卫生间里，镜中那个头发有些散乱，眼神有点涣散，皮肤开始松弛，正在愁眉不展的中年妇女不是我又是谁呢？我撸了撸额头前枯燥的散发，双手摸了摸暗沉泛黄甚至有了黄褐斑的脸颊，心中不由得一阵悲凉——这真的就是我吗？怪不得小舶会说……

"老妈，是不是二模成绩出来了？"你在餐厅里叫道。

我慌乱地从卫生间跑出来，急急地问道："谁说的？谁说二模成绩出来了？"心情的频道瞬间从刚刚的悲凉调至紧张，眼睛直直地盯着你的眼睛，你的眼睛里充满了警惕和担心。

"我是在问你啊？"你瞥了一眼紧张兮兮的我，说道。

"没有啊，还没有出来啊。"我急急地说道，一颗心脏"怦"地落地了，却夹杂着一丝失落感。我知道这种失落感来自我矛盾的内心——既想快点知道，又害怕知道。

"那你……"你看着餐桌，不满地抱怨道，"干吗虐待我？就吃两道菜，怎么像贫农啊？你难道不知道我现在正是长身体的时候吗？这两道菜怎么能满足我的身体营养需求呢？"说完，嘟着嘴，用筷子在那道青椒牛柳里戳了戳，似乎在找发泄点。

我看了看餐桌上一反常态的一荤一素，狠狠地白了你一眼，还不是因为想你学习的事情，才把虾仁给炒焦的！我还没有埋怨你，你倒开始埋怨我了。

"爱吃不吃，不吃拉倒！"我狠狠地白了你一眼，语气很不友善。

"不，作为一个男人，吃饱了才有力气和作业战斗，"你看我脸色很臭，嬉皮笑脸地说道，"我可真担心二模成绩出来后，你会不再煮饭给我吃，甚至我和那些虾仁一样的下场……"说完，假装抱紧身子，打个哆嗦，对着我吐了吐舌头。

我心里"咯噔"了一下，一颗心又一次悬了起来，放下刚端起的饭碗，拿起桌上的手机，迅速地打开了微信，翻到了我们班级的家长群，手指熟练地上下翻动，里面依旧一片沉寂，心里又是一阵失落。突然又想起什么，立马退出微信，直接转到"中考帮"，那里有一帮二模成绩已经出来的父母在讨论排名。我手指熟练地上下翻动着，明明知道希望是如此渺茫，眼睛却死死盯着屏幕，内心还是有种强烈的欲望想搜索到关于我们区的任何信息，哪怕只是一丝而已。几分钟后，失望更深更浓。

端起饭碗，扒了一口饭后，还是不死心，继续拿起刚刚放下的手机，在微信通讯录里找了一个平时比较熟悉的妈妈，编辑了一段文字后，刚想发送，忽然想起她经常嘲笑我耐不住性子，于是，在乎面子的我又放下了手机。

看着眼前的饭菜，突然就没有了想吃的欲望，双眼直愣愣地盯着某个地方，开始发呆。

"老妈，你想什么呢？"

"你们老师说，正常情况下明天上午会出二模成绩……"我答非所问，自言自语道。

哦，你低着头开始往嘴里扒饭，一副心事重重的样子。

看你眉头微蹙，似乎在努力把所有的压力拧紧眉间。你瘦弱的身体，即便穿着羊毛衫还是能看到肩胛处凸出的骨头，我鼻子一酸，眼睛就泛红了。为了不让你看到我失态，我拉开椅子冲向了三楼。

我不知道你会不会被我突然的举动吓到，但我真的无法控制自己的情绪。哦，孩子，你的妈妈我真的该死，我为了自己的私欲，从你的手里强硬地抢过来的选择权，把本来处于主动地位的你，硬生生地变成了被动。如今，百川学校明确地告诉我们，只有自荐没有推优他们是不会接收你的，你想进他们学校，只有两条路可以走：一条是拿到推优，还有一条是裸考。而你心仪的文渊，因为我没有让你去参加他们的校园开放日，他们可能也会放弃你。如果我还要让你走自荐这条路，等于又带你回到原点，再次给不同的学校投递简历，然后卑微地等待着那些学校在招不满之前参加过校园开放日的自荐生的前提下，才给你抛出橄榄枝。

问题是这样的机会有多少，你的胜算有多少，我怎么忍心让你再走一次这条未知的"自招"路？我怎么舍得看到你的自信心一次次被打击？怎么能接受你的眼神越来越胆怯，眉头越蹙越紧？

孩子，对不起，我真的不知道当初自己的坚持会是这样的结果。当时我只想着在我还有精力和能力的时候，能把你托举到一个更高更宽的平台，希望你的高中生涯在一个更好的环境中成长。可是，从如今的局势来看，我们只能拼你拿到推优名额了。如果拿到，不管是百川还是文渊，都不成问题了，只是万一呢？

万一拿不到呢？那我们该如何是好？继续重走"自招"路，还是背水一战拼裸考？这两条路都是未知的，都充满了风险，即便我用尽全部力气，也无法阻挡未知带来的恐惧，还有这无法预测的风险。

窗外，夜色萧瑟，月色很冷，我的心在自责和迷茫中颤抖。

2　二模——历经波折的查分夜

晚上八点，你在二楼的房间写作业，我在客厅写我的小说。晚饭后那颗一直汹涌澎湃的心在我自己的说服下似乎也变得安静了，重新躲进我的胸腔。我沉浸在文字中。

"滋……"放在桌上的手机震动了一下。我用眼角的余光瞄了一眼，是微信。正当我考虑要不要看的时候，手机开始像发了疯似的不停震动，满屏都是微信信息提示。

"谁啊？这么疯狂？"我心里嘀咕着，不是很情愿地拿起了手机。但凡群信息都被我设置成了免打扰，所以这只能说明是微信里的某个人在连续 Call 我。

划开屏幕，心竟然漏跳了半拍，本以为这些疯狂的短信应该来自于闺蜜，却怎么也没有想到是你同学的妈妈。我似乎感觉到了些什么，手指略带颤抖地打开点击，随着目光的游移，一颗本来安静的心开始怦怦狂跳。

——小舢妈妈，在吗？

——二模成绩出来了，可以查了。

——你查了吗？

——你家一定考得很好，我都不敢查，好害怕，怎么办？

——你查好了告诉我一下哈……

……

"小舢，小舢，"我对着二楼大叫，"你快下来，二模成绩出来了！"

我听到楼上椅子被猛地推开的声音，随后就是"蹬蹬蹬"的脚步声有力地撞击着地板，如同撞击着整个安静的夜，敲碎了夜的呼吸。

你卷着一阵风，冲到了我的面前，气喘吁吁地问道："真的假的？你听谁说的？"

"刚刚沈祺的妈妈发微信告诉我的，你看，"我把翻开着的手机递到了已紧紧凑在我身边、正用力探头的你的眼前，"你们班主任在群里也通知了，看来这件事情是真的。"说完，我上下翻动屏幕，让你看到你们班主任发的那条信息。

"老妈。"

"嗯？"

"我好紧张。"

"这有什么好紧张的。"

其实我比你还要紧张，紧张到没吃晚饭的胃都在抽搐。因为我太清楚这次二模成绩的重要性了，如果说一模的成绩是参加自招考的敲门砖，那么二模的成绩就代表你有没有资格拿到推优！一旦拿到推优，那么百川学校就在向我们招手，你就有提前被录取的可能性，也许九月你就会成为百川的孩子，我呢，就是百川娃的妈妈。

提前录取又是什么概念呢？我该用什么来形容呢？看着你一脸的紧张和忐忑，一双湿漉漉的眼睛无助地看着我，让我突然想起了一尾鱼……

是的，一尾鱼。

你们这些孩子都是学海里的一尾鱼，每一个学涯中的目标都是一个彼岸。当你们跳入这学海，就得一次次奋力地朝着属于自己的彼岸往前游，没日没夜地游，当爬上一个彼岸的时候，又将再次跳入学海，另一个彼岸在不远处等着你们。如今的你们，在汹涌的海浪里不断地奋进，一次次地沉下又浮起，却始终紧盯着不远处的那个灯塔，那是你们即将到达的彼岸。筋疲力尽的你们时不时会被呛水，偶尔还会被海浪盖过头顶，甚至一个踉跄就沉入海底……不管怎样，你们用尽所有的力气，摆动着自己的鱼尾，努力往前游，往前游……要知道你们的身边除了和你们一样身处学海的同伴之外，别无他人，就像跌入河水里的人，找不到救命的稻草。你们的老师努力为你们指明属于你们每个人的航线，你们的父母只能为你们助威呐喊，能不能顺利到达彼岸，只有靠你们自己！你们之中，有的人游得快，有的人游得慢，有的人一次次地用跳跃的方式往前进一大步，有的人只能咬紧牙关不让自己掉队，成为孤独的鱼。那些游得快的人，就会提前到达彼岸，也就是所谓的"提前录取"；而那些还没有上岸的人，依然铆足劲，推开海浪，越过浪尖，朝着属于自己的彼岸用力前行……最终每一尾鱼都会到达彼岸，都会找到属于自己的那条路。而那些一路游过来的经历将成为你们身上的鱼鳞，透着亮光，不离不弃。

我的孩子，你能不能提前靠岸，爬上彼岸，就看这次二模的成绩了。想到这些，我鼻子突然一酸，眼眶就红了。

"老妈，这次分数让我自己查吧。"你的声音突然在我耳边响起。回过神，我看到你的眼神闪着亮光，那里除了期待还有兴奋。我能想象一个人亲自见证自己的成果时的那种心情和激动。

我点了点头。记忆中每次区统考的分数公布都是在白天，像今天这样在晚上公布还是第一次。因为之前都是在白天公布，生性心急的我总是在第一时间就把你的分数查了，而你往往都是在我的嘴里或者是老师的嘴里获悉自己的成绩的。既然这一次是晚上公布，你又主动提出，那么我没有理由不去满足和尊重你，虽然我心里是那么希望亲自查。

"咦？怎么打不开网络呢？"坐在电脑前的你，疑惑地叫道。

我把头往前一凑，屏幕上真的显示无法连接。

"这怎么回事？怎么可能？"我把头又凑近了一点，嘀咕道。

"问题就是打不开啊。"你边嘟囔边重复点击网站，还是进不去。

"你走开！"我一把抢过你手中的鼠标，推开了椅子上的你。

你身子猛地一踉跄，差点就摔倒，看着全然不顾你安危的我，你生气地叫道："连不上就是连不上，难道你来弄就能连上吗？"

虽然我双眼直直地盯着屏幕，鼠标不停地重复着刷屏，但是还是能感受到你从嘴里喷出来的怒气。

"我的手机能上网，电脑怎么可能上不了网呢？"我重复着点击，嘴里埋怨着。而屏幕似乎和我杠上了，不管我怎么刷屏，甚至关机，始终显示无法连接网络。

"靠！"我实在忍无可忍，把鼠标往桌上一甩，气急败坏地骂道，"什么鬼电脑啊，矫什么情啊！"

"呵，还真不知道到底是谁在矫情，"你突然冷冷地冒出这句话，语气里满满都是嘲讽，"还真的不是电脑在矫情，而是它不想让某人见鬼！"

"你什么意思？"冷不丁被你嘲讽，不但下不了台，而且还丈二和尚摸不着头脑。

"某人不是早已把网线给拔掉了吗？如果这个时候还能连上的话，不就是见鬼了吗？"你依然嘲讽道，眼神中流露出一种不屑和愤怒。

这句话如一记耳光打在我的脸上，我瞬间满脸通红，眼角的余光偷瞄了一下电脑的右下角，没有错，那里连接网络的地方明显地打了个×。

"哦，我忘记了，路由器坏了嘛……"我心虚地解释着，随后又埋怨道，"这路由器早不坏晚不坏，竟然今天坏，真是的……"

"没关系啦，要不明天查吧，不差这一个晚上啦。"你语气平淡地说道，听起来像是安慰的话，却明显地透着一股戏谑。

我咬住下唇，狠狠地瞪了你一眼，你的眼神里明明带着一股不怀好意。

"哦？你确定？"我反问，眼睛瞄了一眼假装镇定的你，语气里同样带着戏谑。

我们彼此了解，有时候甚至比自己还了解对方。刚刚你这么兴奋地主动请缨，怎么可能就这么轻易放弃呢？每个人对未知都充满好奇，更何况这个未知是和自己息息相关的，你又怎么能做到压制这份好奇呢？你压制不了，我更是压制不了。而你只是使用这样的方式，提醒我无缘无故把网络切断这种无知的行为是多么的可笑和幼稚。

"我无所谓的，反正都要知道的，不像某人，估计今晚……"你双手交叉在胸前，冷冷地哼了一下，眼睛瞄了一眼呆愣的我。

你说的没有错，我肯定睡不着，我怎么能睡得着？现在我的内心已经像千万只蚂蚁在爬，那种火急火燎又束手无策的心情又怎是用文字能来表达的！焦灼的内心早已把自己骂了一千一万遍：

——手怎么那么贱呢？干吗要把网络给切断呢？

——切断了就能制止小舳不再玩游戏吗？问题是他现在已经不玩游戏了，那我干吗还把网络切断啊！

——明明啥都不懂的人，非要什么都装懂，以为网络切断了不会影响自己上网，反正自己手机的 4G 流量用不完，这猪脑子，怎么就没想到要查二模的分数呢？

——这二模也真是的，怎么这么会挑时间，平常都是白天的，怎么整出个晚上呢？真是的！

……

"某人啊，聪明反被聪明误，"你又瞄了一眼拉着脸不说话的我，阴阳怪气地继续说道，"聪明地以为成绩会在明天公布，你用单位的网络就能查到我的分数，却怎么也没有想到，成绩会在今晚公布，这真是人算不如天算啊！"

"你！我怎么知道今晚会出来！"我被你损得脸一阵红一阵白，言不由衷地说道。不得不承认此刻自己后悔得真的想甩自己两巴掌，真的如你所说的那样，我笃定地以为成绩会在明天公布，那么我今天把网络切断自然不会影响我查看你二模的成绩，谁知道这成绩偏偏会在夜晚出来，这还让不让人好好睡觉了。真是的！

"嘿嘿，阴谋被拆穿了吧，"你突然兴奋地叫道，"我早就知道你是人为把网络切断，还非要编什么路由器突然坏了的理由，老妈，你不觉得这么弱智的理由连幼儿园小朋友都不会相信的吗？"你的脸上流露出一种斗智成功后的骄傲。

"对你，我需要要什么阴谋？告诉你，这是名正言顺的阳谋！"我气呼呼地反驳着，故意没有把话说白，因为此时此刻我全部的心思都在怎么才能查到你二模的成绩上。

你尴尬地扯了一下嘴角，想来你已经很清楚我要把网络切断的真正用意了。

"走！跟我走！"

我拔了电脑的插头，抱起电脑，朝着餐厅走去。

"去哪里？"你不解地追问。

"门外。"我简单回应，还对着一头雾水的你调皮地眨了眨眼睛。

"干吗？"

"蹭网。"

是的，在我绞尽脑汁不知如何是好时，突然想到隔壁姐姐家也有无线网，今天早上和她聊天时，还特意问了她家网络的密码，为的就是应付特殊情况，如今看来，我还是懂得未雨绸缪的。

打开门，一股凉风卷着夜的黑袭了过来，今夜风真大。我捧着电脑，借着电脑屏幕的光，小心翼翼地沿着台阶走到了隔壁邻居的家门口，随后左手吃力地捧着电脑，右手点击屏幕搜索无线网。不一会儿，出现了隔壁姐姐家的网址，需要输入密码，密码我特地记在了手机备忘录中。

"小舢，快去帮妈咪把手机拿过来。"我急急地吩咐你。

趁你去拿手机，我前后左右看了一遍，担心被别人误认为是小偷，那就丢脸丢人了。

"妈咪，要不别查了吧……"你边递给我手机边说道。

"不，我一定要查到！"我斩钉截铁地说道。我刚刚已经想过了，如果查不到，我准备开车去单位查，不管如何，今晚一定要查到你的成绩。

认真又小心地输入了网址密码，然后点击连接，忐忑不安地等待。

"哇，连上了，小舳！"看到屏幕右下角终于出现了无线信号，我兴奋地大叫，忘记了自己正蹲在人家家门口。

你急急地从自家门口奔过来，站在我身边，双眼紧紧地盯着电脑屏幕。不知是因为紧张还是手酸，或者说风太大，我发现自己的手指都在颤抖，以至于那个小点点怎么也无法对焦屏幕上的那个"e"标。

"老妈，你不至于吧。"你似乎看出了我的紧张，嘲讽道。

"风太大，手太瘦了。"我找着不符合逻辑的借口。

"进去了！"你叫道。

我深深叹了一口气，又深深吸了一口气。终于看到了久违的"360"。这一次，你主动帮我输入"复旦天翼"四个字。我意外地发现，你似乎比我淡定。

看着转动着的圈圈，我又一次环顾了四周，很安静，只有风刮过的声音。

"网络丢了？"你又叫道。

我一回头，一看，真的网络丢了。可是右下角的无线信号明明是满格啊，怎么会呢？我又一次像在家里那样，推开了你，开始返回，重复点击进入。

几秒钟后，依然如故。

返回，点击……我如机器人般重复这两个动作，眼睛始终盯着屏幕，希望奇迹发生。

几分钟后，屏幕依然显示无法连接。

"见鬼了！"我生气地砸了一下电脑，怒骂道。

"老妈，别弄了，外面风太大了……"不知何时，你已经站在自家的门口，对着我小声叫道。

我置之不理。我就不相信今晚上不了网！

"老妈，回来吧，别弄了……"你再一次轻声叫道。

夜未深，却很寂静，你刻意压低的声音还是很清晰地传进了我的耳朵里。

"让我再试试，我就不信这个邪了！"我嘀咕着，再次重复刚刚的动作。

"你有电话了！"这一次你的声音有点大。

"哦？"我终于抬起头，看到拿在你手中的手机屏幕在闪烁，知道真的是电话，顿了顿后问道，"谁的？"

"沈祺妈妈的。"你简单回应。

而我却如打了鸡血般直接冲到你面前，把电脑往你手里一塞，就抢过你手中的电话，边接听边往家里走。

"喂，沈祺妈妈。"我屏住呼吸，压住狂跳的心，本能告诉我，她给我电话一定是查到成绩了。

"小舳妈妈，你查到分数了吗？"那头的声音同样带着焦虑，看来她和我一样，还没有查到分数。

"没有啦，气死我了，我家网络被我切断了，所以我……"我强压住怒火，回应道。悔恨和自责再次像门外的风一样裹挟着我。

——我真的就是一只猪，不打折扣的猪！

"不是网络的问题，是系统瘫痪了！"那头急急地解释道。

"系统瘫痪？"下一秒就反应过来，"查的人太多了，和之前一样，系统直接瘫痪。"

"是啊，家长们都疯了！知道能查成绩，一窝蜂就开始查了！"那头抱怨道。

"那等等吧，总会过去的，等他们查好了，系统就好了。"我平静地安慰道。其实我也是在自我安慰。

"那估计要天亮了！"那头笑着说。

"啊？"我张大了嘴巴，没这么夸张吧！

"那些家长怎么可能会只查自己孩子的成绩呢？肯定还要查和自己孩子学习成绩差不多的那些同学，甚至有些变态的家长会将整个班级的孩子都查一遍，就是为了知道自己孩子的班级排名。"那头的声音虽然带着笑意，但还是能感受到一种心情——焦虑和无奈。

我竟然脸红了！是的，沈祺妈妈的话一点都没有错，因为我就是这样的家长，甚至还是属于变态的家长。每次区统考，我真的不会只查自己孩子的成绩，时间不够，我就把和小舳有竞争力的孩子查一遍；如果有空闲时间，我真的会把他们全班的孩子成绩查一遍。

"唉，我刚刚就是在查你家小舳的成绩时，网络丢了……"那头的这句话一下把我从失神中拉了回来。

"我家小舳的成绩？你查到了吗？多少呢？你快点告诉我！"我如机关枪一样地扫射。身体的每根神经都绷紧了。

"不是我还没有查到嘛，刚进去，就断了。"那头无奈地说道。

"哦……"全身绷紧的神经"噗"地一声就断了，整个人都耷拉下来了，随后才想起什么，轻声问道，"你家沈祺考得如何？"

"一般，"那头愣了一下后继续说道，"别急哈，我再帮你查查，查好了我告诉你。"

"嗯，好的，谢谢！"

我无力地挂了电话。

"老妈，沈祺查到分数了？考了多少呢？"一直站在我身边仔细竖起耳朵偷听的你，好奇地问道。

"我也不知道，他妈妈没有说。"我淡淡地回应。

其实我知道沈祺妈妈给我这通电话的原意是为了一起交流孩子的成绩，只是没想到我竟然没有查到你的成绩，所以她也不会告诉我她儿子的具体成绩，最后找了一个很好的借口结束了这通电话。

一分钟后。

"小舶，妈咪去一趟单位，你在家等我！"我突然提议道。

是的，在确定自家网络不行之后，我决定启用我的第二套方案——去单位查你的分数。

看我一副誓不罢休的样子，你轻声提醒道："不是说系统瘫痪了吗？"

我失落地从喉咙里"哦"了一声，随后说道，"也许等一下就好了，我去去就回来！"其实我内心也瘆得慌，不知道会不会也是无功而返。

就在我急冲冲地奔向车库时，手机再一次震动，没时间理会，直接打开车门、上车、开车库门、系安全带、发动、挂挡，这一系列的动作一气呵成，随后油门一踩，车子飞出了车库。

今晚的马路很安静，不知是因为起风的缘故还是四月底的天气还比较凉，路上的行人和车辆很少，这很适合我胡思乱想。

二模成绩等不及明天，而选择在晚上公布，这绝不是教育局不想给父母孩子睡个好觉，而是说明时间的紧迫。二模过后，中考就在眼前了，一系列中考前的计划要落实，所以每个区都在赶时间。时间真是个哑巴，从不说话，却走得比谁都快。

唉，不知你二模的成绩会怎样？会不会比一模的成绩有进步呢？能不能提前被录取呢？真的不敢想象裸考的那种压力……

哦，老天，希望小舳这次能发挥正常！

前面就是单位停车场了，我的车子如离弦的箭冲了过去。就在我刚要下车时，手机再次震动，屏幕显示你另一个同学的妈妈，我们之间关系很亲密。

"喂，姐，啥事？"我接起了电话，语气平淡，不用想都知道肯定是说二模的成绩。

"你怎么不回我微信啊？我发给你的微信看了吗？你在干吗？"她根本就不回应我的话，而是噼里啪啦地一阵质问。

"哦，我忙着，就没有看，干吗啦……"看来出门前手机震动的微信是她发的，不过现在我的心思都在要去查你的成绩上，被她这么一质问，语气有点不友善。

"你儿子的成绩都不关心？好吧，挂了！"她莫名其妙地丢了这句话。

"嗳，喂，你……"我对着已经是一阵"嘟嘟"忙音的手机叫了几句，随后突然反应过来，立马翻到微信，打开一看，是一张成绩单，上面赫然显示着你的名字和成绩：

数学：150 分；语文：129 分；英语：144 分；物理：84 分；化学：55 分。总分 562 分。

未等我反应过来，她的微信又来了。

——系统瘫痪，但我知道你是个焦虑狂想症患者，所以花了快一个小时的时间给你家小舶查到了分数。

——据可靠消息，这次试卷难，普遍分数不高，你家 562 分很不错的。

——据最新消息，全区最高 581 分，不在我们学校。

——你家小舶数学太牛了，这次数学满分很少，全区都没几个。

我那颗狂奔了快两个小时的心在看到这些微信时突然变得异常平静，平静得我以为它睡着了。我透过车窗，看着夜空，月亮不知何时拨开了云层，风似乎停了……

3 推优——来之不易的推优名额

墨色的浓云挤压着天空，掩去了刚刚的满眼亮白，沉沉的仿佛要坠下来，压抑得仿佛整个世界都开始沉寂。夜色就是一个阴郁的母亲，大空刚刚的灰白脸色渐渐沉下来，被沉重的灰黑取代……

我一直躲在一楼卫生间的窗前，像一座沉默千年的雕塑，六神无主地盯着无处可逃的天空一层层被黑给包裹。此时的我，始终被忐忑、焦灼，甚至是恐惧裹挟着，如困兽一般在自己的内心世界嘶吼、发狂，却不敢在脸上流露出一点蛛丝马迹，哪怕只是半点，都不敢。

"小舢妈妈，你确定百川中学给你承诺了吗？"

"嗯！百川告诉我们，一定要拿到推优名额……"

"是谁告诉你的？他们是怎么承诺你的？"

"……我不知道是哪位老师，他只告诉我是百川学校教务处，通知我拿学校推优名额。"

"如果没有承诺，我们还是需要考虑这张推优名额要不要给您的孩子。因为每一张推优名额对我们学校来说都是很稀缺的，对每一个优秀的孩子更是珍贵。作为学校，我们要对每一个在校的孩子负责，保障他们能顺利和无风险地踏入他们心仪的高中。所以，如果百川没有给你们确切的承诺，那么学校可能就不会冒这个风险，还请家长能理解！"

"老师，我知道，我也很能理解学校。但是这张推优名额既然落到了小舢的头上，我还是想争取的，还是不想放弃，因为我知道如果拿不到推优名额，那么我们去百川一点机会都不会有。"

"家长，你家孩子能轮到推优名额，说明他也够优秀，只是作为学校，我们还是不想浪费任何一张推优名额，还是想把推优名额能给到那些已经拿到学校确切承诺的学生。虽然说每年都有踏空的可能性，但学校希望把这种可能性降到最低，甚至是零。"

"老师，既然百川学校给我的孩子伸出了橄榄枝，不管成功率是多少，我们还是想要去搏一下的，不然会有遗憾的。所以……"

"我刚刚看了小舢整个初二和初三的成绩，他很稳定，都在全区前八十名，所以不管是自荐还是裸考，市重点高中绝对没有问题，发挥好四大名校都有可能。所以如果百川没有给到你们确切的承诺，学校还是希望家长能考虑一下，把推优名额让给比小舢更需要的孩子。"

"但是，老师，这还是有风险性，不是吗？作为母亲我也不想让我的孩子去冒这个风险，毕竟裸考有很多的不确定性。"

"你大可放心，你家小舢没问题的，我对他很有信心，你放心吧。"

"嗯……谢谢老师的认可和欣赏，但是我们还是需要这张推优名额。"

"家长，我们学校会慎重考虑的，秉持公开公正公平三大原则，希望家长理解。"

……

这是今天下午我和你们负责教学的副校长的第一个电话。昨天晚上你班主任给我微信，告诉我你已被班级选入推优的候选名单。而校长的这个电话又让我瞬间从昨晚的兴奋坠入到了不安之中。

挂掉电话以后，我开始回顾刚刚和她之间的对话，一字一句地揣摩她的言语中的意思。看来你虽然进入了推优名单，但是竞争还是很激烈，学校这里为了让每个孩子能如愿地进入预录取的学校，对推优名单里的每个孩子都要问清楚，是否接到了对方学校的承诺。

哦，承诺！我怎么会不明白校长刚刚问我的那句"以何种方式给你们的承诺"的话的真正意思。这两天整个"中考帮"早就翻天了，大家都在讨论这个所谓承诺的事情。自从校园开放日的成绩出来后，一些牛蛙早已陆陆续续接到一些好的学校的电话和短信通知，请他们去学校进行面试，并签约，代表所谓的"相亲成功"。而你校长说的要确切的承诺，就是那张和学校签约的纸。

我们没有这张纸，怎么可能会有这张纸！不管是短信还是电话，百川已经很明确地告诉我必须要拿到推优，而这张让多少家长和孩子梦寐以求的推优名额，又怎么是说能拿到就能拿得到的呢？

"中考帮"里的家长情绪早已如火如荼。焦虑担心、紧张忐忑、恐惧失眠……如鬼魅一般跟随着每个家长。

——我快疯了！整天盯着手机，整晚都不敢关闭手机，听到手机响就兴奋，看到陌生电话就激动，可是到头来都不是学校的电话！

——这种日子比前一段时间等待成绩的日子还难熬！每天听到别人家的孩子被什么学校通知去签约了，我心头的失落和难过如黄河之水，滔滔不绝，那都是别人家的孩子啊！

——太残酷了！我们家长每天承受着怎样的不安和恐惧啊！

……

这些文字是我每天打开"中考帮"后，必然会看到的。从一开始的同感到现在的麻木，我不知道自己经历了什么！

我真的快崩溃了！其实这几天我早已处在崩溃的边缘！特别是知道文渊学校已经通知一部分参加校园开放日的孩子去面试，签约，时间就定在这个周末，而且你们班有很多孩子都入选了。但是，我的孩子，向来成绩还算优秀的你，这次二模考了全区 55 名的你，却只能眼睁睁地看着自己的同学分享着这份提前被预录取的兴奋和快乐。

这一切的一切都是因为我，你的母亲，这个一直认为自己选择不会错的女人，这个喜欢对你灌心灵鸡汤，希望你能往更好更高的平台攀登的女人造成的。如果我不坚持非要你去冲一下百川，尊重你的选择去文渊，那么你也是其中的一员，此刻也正沉浸在这份努力之后的快乐中，你也不会在我每天去接你回家的路上，一再地沉默和叹息，偶尔还会对我飘来不安和失落的眼神，虽然你从不对我为你的选择抱怨。

孩子，谢谢你！谢谢你给我面子，谢谢你把所有的情绪和抱怨都隐忍在心底，舍不得对你的母亲发泄，哪怕只是半个字，半个脸色。

所以我不能崩溃，我怎么可以崩溃！我一次次深呼吸来安抚自己内心快要崩塌的城墙。

是的，我太高估自己的内心了！当初执意要你选择百川，除了因为对这所学校的热衷和看好之外，最大的原因就是希望你能走出去，看看外面的世界，在更高更好的舞台上学会慢慢展示自己，成长起来。其实所有的风险我都预料过，一旦百川预录取没有成功，那么我们就走裸考，零志愿还是百川，第一志愿填写文渊，以你目前的能力和水平，根本没什么问题，哪怕考砸了，文渊也是可以保底的。

可惜，我唯独没有预料到在这条自招的路上，我内心的思想和承受能力会被不断地影响和改变！

从等待校园开放日成绩的那天起，我内心的焦虑和不安每天都在滋生，都在疯长，随着事态的推进，我对未知的恐惧越来越浓烈，内心的坚强一次次被轰炸又一次次筑造起来。成绩出来后，我发现自己的承受能力越来越脆弱，如同阳光下的一个肥皂泡沫，轻轻一碰就碎了，也许只是"中考帮"里的一个消息，就可以让我的心脏跳迪斯科，就可以让我思维混乱，心神不定。我似乎把未知想象得越来越可怕，对一开始的那种心态越来越怀疑，甚至开始渐渐失却了对你裸考的信心。

我不敢让你裸考，我不能让你裸考，我舍不得让你背水一战。原谅我是个母亲，一个爱子如命的母亲。既然我知道现在所有的焦虑和恐惧都是我把你的选择权夺为己有的后果，那么这个后果就让我一个人来承受！我怎么可以让你也为我的强势埋单呢？

所有的情感消停下来后，我开始冷静地分析。自荐这条路基本行不通了，我也不打算让你重新再去走一遍，浪费时间做一些基本没有结果的事情。那么现在只有两条路可以走：一条是推优，一条就是裸考。如果你没有进入推优的名单，那么我们不抱任何幻想，只能裸考，背水一战，但是你又算是幸运的，因为你进入了推优名单，而百川也给了你另一次机会，那么我为何不为你争取一下呢？虽然我内心很清楚，这张推优名额是前面已经提前和学校签约的学生好心让出来的，但也必须是成绩优秀的学生才有资格轮上，而你就是其中之一。我突然滋生了一个想法，它带着某种力量直接席卷着我的整个大脑，容不得我多思考，直接屏蔽掉我内心的慌张和不安，甚至全部的声音，推动着我马上行动。

"老师您好，我是小舳的妈妈，我有一个不情之请，还是想请学校考虑我的孩子，把这个推优名额保留一下……哦，老师，您不要误会，我不是要强制您给我这个名额，而是希望学校能帮我保留一下，我会尽快联系百川中学，确认是否能给我们承诺。但是我需要时间，所以请学校给我一点时间，好吗？"

"嗯……这个……"

"老师，请放心，如果没有拿到承诺，我一定不会占用这个名额，我很理解学校，我也知道一个推优名额对学校的重要性！"

"我刚刚还特意去问了一下你的孩子，他说他不知道百川有没有给他承诺。"

"老师，孩子肯定不会知道，因为我自始至终都没有和他说，怕他分心。但百川学校让我拿到推优后，务必和他们学校联系。"

"嗯，我知道。很多学校都是这样和一些好学生说的，所以作为我们学校来说，必须需要对方高中给到孩子明确的承诺，这不但是对这个孩子负责，也是为全校所有的孩子负责，更是遵守公平公正公开的原则，你说对吧，小舢妈妈。所以……"

"老师，不好意思打断您，请给我一点时间，明天我一定给您答复。请务必给我的孩子一次机会，也给我们学校一次机会，我再次恳请学校！"

"好吧，我们学校考虑商量一下……"

这是我和你们校长的第二通电话，距离第一通电话只有不到五分钟的时间。我在短短的五分钟内，做了一个让我自己都觉得不可思议的举动——我竟然要求老师给你保留名额！而且对象还是你们校长！我真是吃了熊心豹子胆了！挂了电话后，我浑身战栗，真的，孩子，那一刻我的整个身子都在颤抖，那绝对不是因为紧张，而是因为自责和不安。自责自己怎么可以这么自私，为了自己的孩子，竟然提这么荒唐的要求。不知学校领导会怎么说我，又会怎么看你，会不会给你带来什么负面的影响。但作为母亲，都是自私的，在我知道只有拿到推优名额，你才有机会进自己心仪的学校时，只要不犯法，我愿意为你和全世界对抗！而让我不安的是，为何很多孩子都接到了电话和短信，而百川却迟迟不给我通知呢？是不是真的如你校长说的那样，百川给每个参加过他们校园开放日，成绩还算不错的孩子都留了这么一段暧昧的话呢？或者说那些孩子的家长打电话过去，说的也是相同的话呢？

在整整一个小时的坐立不安和胡思乱想后，我突然意识到不能再这样下去了，我必须、立马去确定这件事。回过神，拿起办公桌上的手机，深深吸了一口气后，再次拨下那串已经熟记于心的电话号码，在忐忑和紧张中听着一声急一声慢的"嘟嘟"声，我突然发现自己的内心是如此矛盾，想要被接通，又怕被接通，一种无言的焦灼和不安鲠在了喉咙。

似乎等了一个世纪，电话终于进入快速的"嘟嘟嘟"声，随后就是一阵忙音。我竟然如释重负地呼出了一口长气。只是紧接着，又被另一种情绪给包围——是一种对未知更深的恐惧和焦灼，还有我所有的假想——会不会百川故意不接我的电话呢？它们似一张无形的黑网，张牙舞爪地扑向我的心脏，一瞬间就把我的心脏禁锢在里面，不给任何可以透气的空隙，窒息仿佛每分每秒都会吞噬我，这种来自内心的窒息比死亡还可怕！

在这种窒息里，我又想到了"中考帮"，这一次我没有刷屏，而是直接到了发帖的页面。

——请问百川学校提前预录的名额都确定了吗？

写完后，想想似乎没有表达清楚，后面又添了一句：百川学校是不是都通知完了？

一分钟不到，后面就有跟帖了。

——我听我们学校说，有一些孩子已经接到通知了，今天下午就去签约了。

——我们单位同事的女儿也接到通知了，我羡慕死了，可惜是别人家的孩子。

——哇，太开心了，我今天上午接到的通知，现在正在现场签约，大概有 40 多个家长吧。

我越看心揪得越紧，窒息感越来越强，也越来越绝望！看来没戏了，让你拿推优可能只是安慰孩子和家长的一种方式。我闭上了眼睛，感觉一股热浪从眼底冲出，沿着脸颊滴在了办公桌上摊开的会议笔记本上。

——肯定不可能，很多学校推优名额还没有下来呢。

泪眼朦胧中，我看到了这样一句话。

——我想也不可能，我们刚刚拿到推优名额，我刚刚才发短信过去，不可能没有名额了。

还未等我回帖，有个家长抢先一步说了这句话。我立马跟帖上去。

——楼上的那位家长，你们是不是也被通知说拿到推优名额后联系学校？

——楼主别急，这几天去签约的都是自荐生，也就是校园开放日那天成绩相当优秀的孩子。这批孩子签好约了，才能轮到推优的。只要学校让你拿推优名额，基本都是有戏的。

——还有，需要你拿推优的基本是考试考得不是特别理想，但也不错的孩子，为了抢生源，所以让你们拿推优名额。

紧接着，帖子下面跟了两条让我眼前一亮的话，本来脸上还挂着泪珠、颓靡的我，突然像注了鸡血一样，弓着的背一下就挺直了，双眼发光，一次次地看着这两段文字，随后跟帖道：

——楼上，你怎么那么清楚呢？

——这个嘛，规则嘛，嘻嘻……楼主不要担心，耐心等待吧。

在看到这句话的时候，我莫名就涌上一个念头：之前打电话不接，是不是因为老师们都在忙签约的事情，因为刚刚有家长说在现场呢……

不行，我要再一次打电话给百川，我无法耐心等待，我一分钟都不想等待，我必须要听到百川学校亲口告诉我。

随便抽了一张餐巾纸，胡乱地抹了一下自己的泪眼，然后走到窗台前，打开窗户，探出头，对着外面深深吸了一口气，又缓缓吐了出来。

两分钟后，我拿起话筒，再一次拨通了这个熟悉的号码。

"您好，老师，我是学生家长，"那头电话刚接起来，我就主动介绍，随后又深吸了一口气，轻轻地说道，"我很焦虑，特别焦虑！"

"我的孩子参加了贵校的校园开放日，后来贵校说让我们拿到推优名额后和你们联系。现在我孩子学校要让我确定，是否拿了推优名额，你们学校就会录取我的孩子？"我不等老师回应，一口气把内心所有的疑问和不安都说了出来。接着，屏住呼吸，话筒紧贴耳朵，静静地听那头的回应。

"家长，别焦虑，"那头是一个低沉的男中音。或许是自己太紧张，刚刚连老师的性别都没有搞清楚。"你能告诉我孩子的名字和就读学校吗？"

刚刚还怦怦乱跳的心竟然在这位老师的慢声细语中渐渐平复，刚想回复老师，放在桌上的手机却突然震动了一下，一种习惯本能，目光扫了一眼，发现是一条来自你班主任的短信，上面写道：

——小舳已拿到推优名额了。

我的心脏就是在这个时候漏跳了好几拍。我语无伦次又激动万分地对着话筒叫道："老师，那个老师，我孩子拿到推优名额了，那是不是你们学校，哦，贵校是不是就要我的孩子了？"

那头沉默了，估计是突然被我这种情绪给吓到了。

"哦，老师，对不起，我不是故意的……"我急急地解释道，脸红成了猪肝色。

"呵呵，没事的，家长，拿到推优名额是好事情，恭喜你家孩子，那你尽快按照我们的要求把信息发到学校吧，到时我们会根据各区县的推优名额进行预录取的。"那个男中音再次响起，依然很有亲和力，不卑不亢，有礼有节，让人如沐春风。

"好的，谢谢老师！"

挂了电话，我立马抓起桌上的手机，找到了刚刚的那条信息，似乎不相信自己的眼睛，看了一次又一次，然后眼泪又一次滴落了下来。

我知道，这是喜极而泣。看来你的学校还是给了你机会，还是很认可你；你班主任对我很了解，知道我一定到了崩溃的边缘，才会在第一时间发给我信息。就这样，心被一种叫做"感动"的东西给充盈了，让我一次次裂开嘴角又一次次瘪嘴，一下笑一下哭，还好没有同事看到，不然一定以为我疯了。

我肯定疯了！是开心得疯了！

马上找出之前截图的百川网站上的信息，按照它的要求，编辑了短信，发了过去，一秒钟后，收到回复——收到，百川教务处。

接着，我去了"中考帮"，找到刚刚的帖子，又说了一句话——我家的娃也拿到了推优，刚把信息发去了百川学校，静等好消息。

4 猜疑——变成"鸡肋"的推优名额

我开着车窗，打开了你每天都听的"动感101.7"，轻松地踩着油门，车子在熟悉的道路上向你的学校飞驰而去。

我的心情啊，就像是放飞的小鸟，这几天来的所有焦虑不安、忐忑、恐惧似乎都消失殆尽了。

校门外，我看见你背着书包和同学挥手道别，一张稚气未脱的脸明明还是个孩子。哦，我的孩子，如果我告诉你今天所发生的一切，你会不会用另一种眼神看我，会不会觉得自己的母亲太自私，怎么可以那样和你们校长说话，怎么可以那样要求校长呢？

看着你朝我走来，我决定对今天的事情只字不提。

"嗨，老妈，今天校长找我了，是不是你和校长说了什么？"你一上车就急急地问我，语气里明显带着警惕。

本来笑容满面的我，被你这句突兀的话一惊，我能感觉到后背冒出了一层冷汗。看来你是来兴师问罪了。也好，本来想把你拿到推优名额的好消息先告诉你，如此就先不说，听听你校长和你说了些什么，你又是怎样的反应，不过听你的语气，你应该还不是很了解，不然以你的个性，刚刚说话的口吻就会是质问，而不是疑问。

趁着发动车子，我从后视镜偷瞄了你一眼，没想到你也正用怀疑的眼光盯着我。

"校长找你干吗呢？"我试探着问道，尽量把语气调到了若无其事。

"她突然跑过来问我百川有没有给我承诺，把我吓得半死。"你紧张地说道，似乎还沉浸在那时的那种害怕和不安中。

"你是怎么回答的？"虽然我似乎不在乎这件事了，但明显地我的语气不淡定了，看来我还是在乎的。

"我说我不知道。"你回应。虽然背对着你，但我还是能感受到来自背部如针芒般的你的目光。

"那校长还说了什么？"我心虚地问道。

"没说什么，她就说知道了，说会打电话给你的，"你继续回应，接着急急地追问道，"老妈，校长后来有没有给你电话？她为什么突然问我这个啊？"

"有！"我肯定地回答道，我感觉你的身子猛地凑了过来，整理了一下带点慌张的情绪，我假装轻描淡写地说道，"是因为推优名额啦，她和我来确认一下百川学校有没有给我们承诺……"

"所以，你就告诉她百川给承诺了？"你用一种几乎是怀疑的口吻，我很清楚这种怀疑更多是来自对百川的不确定性，因为你对我太了解了，如果百川给我们承诺了，那么以我的个性，我一定会兴奋地把这个好消息告诉你。然而最近，天天被我挂在嘴边的百川，已经好几天没有念叨了，以你的理解，估计百川没戏了。其实我不念叨，是因为不想把这种焦虑的情绪和不安全感带给你。

"没有啦。"我立马否定。

你突然从我身后直接蹿到我身旁，用一种特别不可思议的眼神盯着我，再次问道，"那校长突然找我问这个干吗呢？好奇怪，你确定没有和校长说一些不该说的话吗？"随后顿了一下后，你又追问道，"难道说你和我们班主任要求了些什么？或者说，你又瞒着我做了什么？以你对百川的情有独钟和脾气……"你欲言又止，挑了挑眉毛，斜视着我。

其实我预料到你会有这样的反应，但我怎么也没有想到你会用眼神和言语，直接揭开了我的那块遮羞布。这一瞬间，刚刚所有的兴奋和快乐一扫而光，取而代之的就只剩下恼怒了。

"我能和你校长说什么不该说的话呢？你真的好搞笑啊，你以为你妈咪这么虚伪吗？这么不堪吗？再说，我吃什么熊心豹子胆了，敢要求你们班主任？哪来的勇气，是你给我的吗？还有，我对百川再情有独钟，我也不会不择手段，你太小看你的妈咪了，难道在你的眼里我就是那样的人吗？你有什么资格来看低我？你凭什么用这样怀疑的口吻和我说话？"被戳到真相的人情绪是很难控制的，那种用力想掩盖却只能用严厉的语气来掩饰真相的委屈，往往让人情绪失控，语无伦次，甚至有点歇斯底里。

一阵良久的沉默。

我臭着脸，嘴巴紧抿，担心再一开口烈火会从嘴里喷出来而一发不可收拾。从后视镜里，我看到你双手抱胸，紧抿嘴巴，一张看向车窗外的小脸紧绷着，写满了青春的叛逆，还有一丝愤怒。我这是怎么了？好不容易卸去这么多天来的煎熬，终于拿到了梦寐以求的推优名额，我干吗还和你大动肝火呢？看来我还是完全没有从整件事情中释然，或者说是幸福来得太突然，我还不适应。

"嗨，小舳，"我平复了刚刚的怒火，换了一种语气和你说道，"你拿到推优名额了。"

"我知道。"你冷淡地回应。看来你班主任已经告诉你了，只是你完全没有我想象中的那种兴奋和激动，让我有点失望。

我从后视镜看你，你依然双手抱胸，脸朝着车窗外，一副事不关己的样子。

"你不觉得很激动吗？"我轻声试探道。

"有用吗？"你再一次冷漠地回应。

"怎么没用了？拿到推优名额不但证明了你的优秀，最关键的是你能进百川啊！"我不淡定了，因为我无法接受你以这种态度来对待这份特殊的礼物，或者说我无法接受你对我好不容易为你争取的这个名额的漠视和不尊重。

"那你知道百川在我们区放了几个推优名额吗？"你突然冒出了这句很有内幕的话。

"啊，我不知道。"我傻傻地接应。对啊，这个应该是我去关心的事情，怎么感觉你比我先关心了。

"三个。"你冷冷地告诉我。

"三个怎么了？"我还是不解，这个数字和你拿到推优名额有什么关系。

"那我告诉你，我们学校目前就有三个同学要去百川，而且他们都拿到了推优名额。"你再一次爆出了让我惊讶的话。

"包括你吗？"我明显地感觉到不淡定了。

"不包括，"你平静地回应，接着补充道，"更不包括整个区几十所学校，所以你现在还会认为拿到了推优名额，我就能进百川吗？"

我的身子明显一僵，接着后背"滋"地又冒出了一身冷汗。

"你听谁说的？"

"我们老师。"

又是沉默。我的思绪开始翻江倒海，刚刚好不容易放下的焦灼再一次扑过来。看来事情真的不是我所想的那样简单，学校为了抢生源，为了留住好学生，用这样的手段也是情有可原，但没有竞争意识，就是我的问题了。我怎么可以忽略这么重要的问题呢？

"你们学校的三个同学都有去参加百川的校园开放日吗？"我问你。

"其中两个有，就一个没有，不过人家是区三好学生。"你似乎很了解，平静地说道。

哎，我吸了口冷气。继续追问，"那他们开放日的成绩是多少，你知道吗？"

"不知道。"你语气依旧冷冷的。

我深深吸了一口气，努力让自己的语气平静下来，一字一句地说道："小舢，其实不管百川让我们拿推优是为了稳住我们还是真的想要录取你，既然它伸出了橄榄枝，我们就要抓住机会。我刚刚分析了一下，你听听哈，"我又从后视镜瞄了你一眼，这一次你把头转过来了，眼睛直视着我，等待着我又有什么长篇大论，"无论如何，我们都有 50% 的胜算。我不管别的学校，就拿你们学校来说，连你一共有四个同学竞争，那么他们其中有可能校园开放日的成绩没有你的好；如果他们考得比你好，也许一模二模的成绩没有你好；如果一模二模的成绩比你好，那么也许他们没有你独特的专长……所以，我觉得你还是有胜算的，再说对于一件未知的事情来说，50% 的胜算是非常大的！"

说真的，我突然会这么分析连我自己都吓一跳，因为我此时的脑子应该是混乱的，我整个人的状态又回到了之前的那种忐忑和恐惧中，一种比之前更深的不安全感裹挟着我，我好害怕。但我还能收起自己所有的害怕，假装冷静地分析，原因只有一个，那就是我不想让我的孩子——你，看到我的无助和不安，看到一个母亲最脆弱的一面，不想把我的负能量传递给你，我要你拥有全部的正能量！孩子，即便希望很渺茫，妈咪都愿意为你创造广阔的希望，让你看到曙光。

"对于我来说，任何充满不确定性的东西我都不会去考虑的，更何况是只有 50% 的胜算。"你冷冷地回应，完全不顾及我的感受。

"问题是你现在没得选择。"你的冷漠激怒了我，我喷出了刺猬的刺。是的，其实你早就没有选择，你所有的选择都被我用爱和妈妈的角色给绑架了。

"所以我只能任由同学用嫉妒、嘲讽、羡慕的眼神看我，到处宣扬我已经被百川给录取了……"你突然自言自语道，声音里透着一种凉薄。

"同学们怎么会知道？"我后背又是一阵发凉，我实在看不得你那种明明哀怨却又隐忍的样子。

"校长来找我的时候，就有同学看到和听到了，然后下午第三节课的时候，老师告诉我已经轮上推优了，大家就开始传开了。要知道，现在我们九年级都处在一个非常敏感的时期，只要有关于一点预录取的消息，就像长了翅膀一样，马上全年级都知道了……"你无奈地说道，又把头转向了窗外。

"不是还没有确定嘛，怎么就传开了呢？真是的。"我抱怨道。

"没有人管你有没有确定，因为大家都知道，拿到推优的话，基本上都是对方学校给承诺的，所以大家一致认为我已经被百川给录取了。"你回应道。

我沉默了。我终于知道你为何会说任何不确定的事情，你都不会考虑，因为你的内心根本无法承受这种不确定性。其实，孩子，你的母亲又何尝不是呢？

一股前所未有的气息笼罩着本来就逼仄的车厢，有点让人喘不过气来，一直到家，我们都保持着沉默。

看你下车了，我抓起手机，进入了"中考帮"，然后发现我下午发的帖子有新的消息。

——现在才知道拿到推优也不一定会直接被录取，学校还是要看开放日那天的成绩，进行再次选拔。

——那如你说，这张推优是不是如同鸡肋？

——关键是看你校园开放日考试的成绩到底是多少，不过也要看你所属的区有多少孩子想去百川。

——对的，推优是区竞争，相对会好一点，不过也很残忍的，还是看成绩说话。

——有没有家长打电话到百川去问，百川老师的回答很重要的。今天我朋友告诉我，她打电话过去问了，她家女儿也是要拿推优的，人家就直接告诉她，你们拿了推优也没有用。我朋友直接哭晕在厕所。

——不会吧，你朋友的女儿考了多少分啊？

——130 分，好像。

——那肯定不行的，我家侄子也是拿推优的，今天我姐姐打电话也去问百川了，人家老师就说，拿了推优肯定要你们的。对了，

　　我侄子考了 149 分。

　　看着这一条又一条的帖子，我的心头越来越重，之前那种喜悦早已荡然无存。我突然回忆起，那个男老师说的那句话：

　　——我们会根据各区县的推优名额进行预录取。

　　我要窒息了！如一个溺水的人，在无尽的恐惧中挣扎，在绝望中找寻一根救命稻草，能拉我一把，好让我这个埋在水里的头能钻出水面，透一口气，哪怕只是一丝，也许会让我看到希望。
　　谁来拯救我？

　　这是一条熟悉的路。
　　第一次觉得如此陌生，陌生到让我的心脏始终如怀揣着一只麋鹿一样慌乱；陌生到我的脑子每分每秒都在告诉自己想要逃离；陌生到我似乎都忘了呼吸……
　　不，我不能逃离！
　　我小心翼翼地松了松踩着油门的早已麻木的右脚，屁股抬起，微微调了下一直挺直着的僵硬的背，紧握着方向盘的双手又紧了紧，似乎这样可以借助手臂的力量来缓解内心无时不在的恐惧。
　　前面就是收费站，我耸起肩膀，深深吸了一口气又深深吐了出来，刚刚杂乱得近乎空白的脑海开始不停地闪现和交错这个镜头：
　　安静的办公室，办公桌上堆着一些散乱的文件，一个中年妇女呆坐在那里，眼神呆滞地盯着电脑，而电脑的屏幕却是黑的。从上班到现在，她始终保持着这个姿势，重复着同一个动作——看手机，放手机。似乎在等什么重要的电话，又似乎在关注什么网站，因为她每次看手机的动作都是不停地上下刷屏。她坐立不安，心神不定。

她终于从椅子上站起来，拿起手机，朝着窗台走去。

——我昨晚又是一夜失眠，怎么办？什么时候才能熬出头啊？

——中考还没有开始，我怎么感觉自己已经快崩溃了！

——等，等，等，我每分钟都在等待，从来没有觉得一个等待会让我这样生不如死。

——从期望到失望再到绝望，有时候这只是一分钟的时间。

……

"中考帮"里那条关于百川的帖子，满屏都是焦虑和绝望，那些正饱受着煎熬的家长们在这陌生的平台，在这些陌生人面前可以撕开所有的坚强，把自己赤裸裸地袒露出来……是的，这里的家长们都是陌生人，却又像亲人一样相互取暖和安慰，因为他们为的都是同一个目标。在这里，你可以倾诉你所有的害怕和不安，你的猜测和怒怼。人是很奇怪的动物，很多时候不愿意在自己最熟悉的人面前倾诉，反而在面对一个陌生人时，你可能会还原最本真的你。中年妇女终于垂下了手臂，愣在窗户前很久很久，似乎那里有什么东西紧紧吸引着她的目光。

良久，她突然冲向了办公桌，拿起了桌上的一叠用塑料文件袋装的资料，抓起包就往办公室门外跑，好像有什么迫不及待的事情需要处理。

不一会儿，她就开着车飞驰在这条通往市区的高速上。

是的，没有错，这个中年妇女就是我。再也无法承受这焦虑和不安，不想再在未知中煎熬，我选择主动出击，带上你所有的资料，去一趟百川学校。我很清楚，这世界上真正能拯救你的只有你自己，而不是别人。与其在自己的假想中焦虑和猜测，还不如直接去面对能给你答案的人，也许这样你一颗纠缠的心才会真正安定下来。

"吁……"一口气由压抑的心脏穿过干涩肿痛的喉咙，从起皮的嘴唇中吐出。我腾出右手，摸了摸放在副驾驶座位上的文件袋，那里装着你从小学到中学所有的成果。

路，似乎很长，似乎开了一个世纪；路似乎又很短，只是一愣神就到了目的地。

我如木偶般，脊背僵硬地挺直着，双手依然紧握着方向盘，傻坐在驾驶座上。刚刚还沸腾着的大脑瞬间就如一潭死水般寂静。

——怎么办啊？我好紧张啊！

我低声呢喃，眉头微蹙，握着方向盘的双手不停地揉搓着，两只脚也在座位底下开始来回挤兑。

——没事的，不紧张，不就是去找招生办老师嘛，人家老师又不会吃你。

看着车窗外的校门口，我低声为自己鼓劲。

——可是，我还是紧张啊！我还是害怕啊！

我咬住下唇，继续揉搓方向盘。

——不害怕，为了小舢，你一定要勇敢一次！

闭上眼睛，我自言自语道。

——老师会不会不在办公室啊？会不会去开会了呢？或者说我根本就进不去呢？

我开始不断地找理由，却发现自己内心刚刚还在坚持的东西正在慢慢瓦解。

——不可以找理由让自己退缩，你刚刚的勇气哪里去了？再说，你都到这里了，难道真的不进去吗？不进去会不会后悔呢？

我又自言自语道。

——我会后悔的！但是我要说什么呢？该怎么和老师说呢？老师会听我说吗？

又是一波假设向我袭来，我有点抓狂，双手不停地敲打着太阳穴，似乎这样可以把负能量给赶跑。

——难道你忘了，这个周末你是怎么过的吗？难道你忘了自己崩溃的一瞬间吗？

是的，这个周末，我彻底崩溃了。崩溃的最大缘故是文渊的签约。

一大早我在打扫卫生的时候，收到了一条来自你同学妈妈的微信，她告诉我，你同学作为自荐生今天下午就要去文渊签约了。我无法形容看到这条微信时的心情，出于礼貌我还是给予祝福。而下一秒，她问我你是否进了百川，我似乎被人用针猛地扎了一下，虽然我知道她完全是出于关心，但是因为自己的关系，我的情绪还是无法控制地表露出来了。我把手中的吸尘器往地上狠狠一摔，径直走进了厨房，站在洗菜池旁，发呆。

窗外一只不知名的黑鸟扑棱着翅膀从花园掠过，还张着嘴巴发出很难听的叫声。

我所有的情绪都是因为脑海里那唯一的思绪。

——你什么时候才能接到百川的签约通知呢？

这份思绪让我无时无刻不在不安和焦虑之中。一颗心被抛在了空中，悬着。

下午，我的整个微信朋友圈给刷屏了，都是你那些同学的妈妈晒出的关于签约后的心情和情感。我承认自己没那么伟大，内心被羡慕和嫉妒充斥着，羡慕这些孩子终于提前登上了预录的船只，嫉妒这些妈妈终于可以卸下焦虑的包袱……

我上午的情绪被另一种思绪给取代了。

——都是我，不然我的孩子今天也去文渊签约了。

这种思绪越来越密集，导致情绪越演越烈，但是我一直在控制。直至把你送到兴趣班后，看到你闷闷不乐、眉头蹙紧的样子，我再也无法控制自己，抱着正要开车的你父亲的手臂号啕大哭。

你父亲被吓到了，停下车子就开始追问："你怎么啦？"

我越哭越大声，似乎要用尽所有的力气把这份情绪给发泄出来，而哭泣显然是最好的发泄方式，你父亲也是我最好的发泄对象。

"你到底怎么了嘛……"你父亲拍着我的肩膀，再次问道，语气中除了担心就是不耐烦了，毕竟是在马路上，虽然关着车门，但还是有种被偷窥的感觉。

"我……我对不……对不起……小舶，"我边哭边断断续续地说道，"我好恨啊，我……真的好恨自己，是……是我让他……让他承受了这种压力……"我越说越伤心，自责如一张大网，铺天盖地地向我笼罩过来，然后将我密密勒紧。

"好了，没事，不哭了，你也是为他好……"你父亲轻轻拍着我的肩膀，柔声安慰道。

"不，"我从他的臂弯里抬起头，瘪着嘴，哽咽着说道，"如果不是我的坚持，他今天也可以和他同学一样去文渊签约了，都是我，非要让他去百川的……"说着，泪水像断了线的珍珠，不断地滚落。

"有得必有失，他会理解你的用心的，一所学校而已，实在不行，就裸考吧……"你父亲继续安慰我。

"不要，我不想让小舢背水一战，他那么瘦小，我舍不得他为了裸考，睡不好觉，吃不下饭，顶着巨大的压力，关键是我自己也不知道能否撑到他裸考，我肯定会越来越焦灼的。"我继续哭叫道。这才是我最深的恐惧，我真的担心自己会承受不了那份压力和焦灼，然后对你更多的要求，导致你背负太大的压力和恐惧。要知道，当所有的期望都集中在一个点上的时候，人的情绪和要求真的就会变本加厉，就如现在的我，把所有的期望都放在百川一样，我的情绪在今天彻底崩溃。

"没事的，相信小舢，你要知道还有很多孩子都要参加裸考呢！你这样大哭大叫的，别的家长会不会要把你打死？"你父亲一边帮我擦眼泪一边调侃我。

但我真的笑不出来，不过哭过之后，我似乎好多了，只是压在心头的那块石头依然很重很重……

——你是孩子的母亲，是孩子的支点，所以你要勇敢！

5 勇敢——为你，我愿意千千万万次

我对着后视镜照了照自己，几粒痘痘泄露了我这两天的情绪到达了一个怎样的程度，眼皮有点浮肿，不知是前天哭过的原因还是昨晚失眠的缘故。我轻轻叹了口气，从包里拿出一支唇彩，在嘴唇上抹了抹。这样至少看上去不像个怨妇。

几分钟后，我抿紧嘴巴深呼吸了一下，整理了一下身上的衣服，又捋了捋额前的头发，拿起了副驾驶上你的资料，走下了车。

我努力让自己面带微笑，踩着适当的步子朝着学校的门卫走去。其实鬼才知道，我多么想哭，我的双脚无力又慌乱。

"师傅，您好，"我不知道自己有没有笑容，但我知道自己努力让嘴角上扬，尽量保持口齿清晰，"我是学生家长，来找招生办的老师有事。"

"找招生办的老师？"其中一个门卫带着疑惑的眼神看了我一眼，反问道，"是他找你来的吗？"

我的心"怦怦怦"地撞击着胸腔，尽量不用任何肢体语言，而是像一个小学生回答老师问题一样，清脆响亮地答道："是的，是他要我来的。"说完，我努力让自己的眼神定格在门卫的脸上，不敢躲闪。

门卫嘴角一扯，又问道："那他找你有什么事，他说了吗？是不是签约呢？"语气中明显地还带着警惕。

这一次我再也无法像刚刚那样，扬起脸来回答他的问题。我感觉喉咙发紧，嘴巴干涩，迟疑了一下后，像做贼似的点了点头。不善于说谎的我，肯定脸红了。

也许是我突然反常的表现，让另一个始终在门卫室的门卫看出了端倪，他突然从门卫室走出来，目光锁在我的身上，平静地问道："既然是招生办的老师让你来的，那么他一定告诉你他姓什么，在哪个办公室吧？"

我一惊，不是很热的四月底，后背竟然"唰"地冒出一身冷汗。看来名校就是名校，不但戒备森严，连门卫的警惕性都那么高。好在我刚刚出来时，特地给好友电话，让她帮忙问到了招生办老师的名字和办公室位置。

"是张老师，在四号楼的校长助理室。"这一次，我又抬起头，面带微笑地迎向了那个发问的门卫，简单又自信地回应道。

"四号楼？"门卫再次疑惑地看了我一眼，"我们这里没有四号楼，张老师是在一号楼。"

"哦，"我又是一惊，急急地解释道，"可能是我听错了，不好意思。"

"嗯，那你进来吧。"发问的门卫笑了笑，帮我按下了大门的按钮，接着说道，"这样吧，我带你进去吧。"

我刚想拒绝，又想到什么，对着他笑了笑，点头说道："那就麻烦师傅了。"

虽然我知道门卫对我这个不速之客还是有一定的警惕，但我情愿相信是他担心我找不到那个老师，特地陪我的。我一直相信，人是善良的，每个人都是好人。

大门缓缓地移开，我微微低头，闭上眼睛，偷偷地在心里"吁"了一口气，随后，挺直腰板，跟着门卫的脚步朝一号楼走去。

门卫在前面走，我跟在后面，随着脚步的移动，我的心脏以狂奔的速度撞击着我的胸腔，我能感受到上半身都在震颤，而下半身是僵硬的，以致我都感觉不到自己的双脚是不是在正常走路。

这栋房子看来都是老师的办公室，长长的走廊两边都是一小间一小间的办公室，上面都有标牌，只是紧张又害怕的我根本无暇关注，只有双脚木讷地跟着前面的门卫。嘴里不停地吸气呼气，来减轻排山倒海般的忐忑和慌张。我能感觉到自己的衬衫贴在了冒汗的后背，拿着资料袋的手心早已潮湿，唯独那一双眼睛还透着坚持的亮光。

"张老师，这位家长说你约她过来的。"门卫突然站定在一间办公室的门口，对着里面的人说道。

我急忙跟上去，然后看到办公室里，一个长相温文尔雅的中年男老师一脸惊讶，错愕地看着站在门卫身边一脸紧张害怕的我。

"张老师好，我是学生的家长，我想打扰您几分钟时间可以吗？"我竟然口齿清晰，语气诚恳地说出了这句话。有点讶异吧，其实一点也不讶异，我能克服刚刚所有的紧张和不安，除了和我做销售工作有关之外，还有就是因为我对你的爱，这份爱让我愿意去面对所有的害怕。

"哦，既然来了，那就进来坐坐吧，我们聊聊孩子。"回过神的张老师，面带微笑，温和地和我招呼道。

我再一次在心里"吁"了一口气，点点头，老师毕竟是老师，具有一定的素养。

这间办公室不大，很大的面积都被一张褐色的大办公桌和一排同色系的书橱给占了，只有一张黑色的皮质三人沙发紧靠着门口边的墙壁。

我紧张地走了进去，在那张沙发上坐了下来，挺直着脊背，双脚并拢，双手放在膝盖上，眼睛直视着坐在我对面办公桌前的老师。

张老师看出了我的紧张和无措，微微一笑后，轻声问我："你是？"

"哦，老师，我是学生家长……"我急急地回应着，壮着胆子看着他的反应。

"哦，你的孩子叫什么？"他继续问道。

"叫小舳。"我急忙回应。

"孩子怎么了？"他又轻声问道。

许是张老师温和的语气和儒雅的姿态缓解了我紧张又不安的内心。看他愿意给我时间来说说你，我一下就兴奋了。调整好心绪，把来之前在车上演绎了无数遍的话在还算清醒的脑海里排列，随后，尽量语速正常地说道："老师，我的孩子参加过贵校的校园开放日，遗憾的是，他没有考出理想的成绩，不过我觉得这件事和我这个做母亲的有关。据我所知，很多孩子都在初二的时候就开始在外面补习自招考，而我太孤陋寡闻，真的不知道自招考还需要补习，所以我的孩子来贵校参加考试是没有任何准备的。"说完，我看了他一眼，继续补充道，"当然这也不是最好的理由，从这次考试中，我也清晰地认识到我们市优秀的孩子太多了，不得不承认我的孩子还需要努力和加油。"

"嗯，我刚刚查了一下你孩子的资料，这次自招考的成绩不算特别优秀，但还是可以的。"张老师的目光从电脑移到了我的身上。

我刚刚一颗稍安的心再一次提了上来，换作之前，我会去揣摩老师说这句话的含义，但此时此刻，我不想浪费任何一分钟，更不想失去这个机会，我要把最好的你推销出去。

又一次在内心暗暗吸了一口气。随后，我站起身来，走到了张老师的办公桌前。

"张老师，请给我一点时间，让我来介绍我的孩子。"未等他点头同意，我一字一句，条理清晰地说道："我的孩子不但在文学上有成果，而且理科也非常棒。您看，这是他从小学开始就在《新民晚报》上发表的一些文章，"我边说边把资料袋里的报纸拿出来，递给张老师，"这一次二模考试，我们区的数学非常难，很多孩子都来不及做完，我的孩子是满分。他从小学到现在，年年都是校三好学生。还有这些都是竞赛的获奖证书。"我把你的全部资料递给了他。

"嗯，孩子确实很优秀，但是我们学校也有规定，虽然会看一模二模的成绩，但是最关键的还是要看自招考的成绩。"张老师看了看你所有的获奖证书，款语温言地说道，语气里带着些许的歉意。

"老师，我知道我们自招考没有考好，我和孩子心里特别难受和不安，"想到这一段时间来因为这个问题的折磨，我的情绪又开始波动了，语气变得有点哽咽，"就是因为知道第一步没有走好，所以当贵校说需要我们拿推优名额时，我的孩子又一次开始努力去争取这个推优名额，要知道，在最好的学校拿到一个推优名额，那是一个怎样的概率！当我们好不容易拿到这个推优名额的时候，又听说如果你们学校不给我们承诺，拿了这个推优名额也没有用。这几天，我每天度日如年，被恐惧和不安包裹着，整个情绪都要崩溃了，我一直以为，贵校给我们的信息，就是只要拿到推优名额，就能被贵校提前预录取，但是前几天给贵校电话，说什么要根据各区县的推优名额进行预录取，我真的不懂贵校的意思是什么，所以才会冒昧来贵校，直接站在这里，打扰您。"说完，我毫不掩饰地从嘴里深深吐了一口气，是的，没有经历，怎会懂得？我想坐在我对面的张老师能理解我此刻的心情。

"家长，我们学校很理解您的心情，您的孩子确实也优秀。因为我们给到每个区县的推优名额都很有限，而各区县想要来我们学校的学生又特别多，所以我们只能在这些学生中综合评估，再做出决定。确实，有一部分孩子已经得到我们学校的承诺，但那些孩子都是在自招考中表现相当优秀的孩子，而推优的孩子，我们还是要等每个区县把所有的推优名额统计完毕后，我们方可给家长和孩子一个明确的答复。"张老师语气依然温和，但在我听来就是我说了那么多话，事情似乎完全没有进展。

"不对吧，老师，我怎么听说有推优的孩子也已经接到贵校的通知了呢？"我紧紧追问。既然来了，我一定要把这几天所有的问题问清楚。

"嗯，那个孩子考了多少，你知道成绩吗？"张老师没有在意我的语气有点儿不友善，依然轻柔地问道。

我努力回忆了一下，模棱两可地回应："149分，好像。"

"家长，你别激动，我猜测可能是这样，这个孩子所处的区县，要拿推优的孩子中，他的分数可能是最高的，所以我们就直接给他承诺了。当然，这只是我的猜测而已。"张老师笑着回应，眼睛直视着我，不闪不躲，透着他的诚恳。

"当然您的孩子成绩也不错，只是你们区县想来我们学校的孩子相对比较多，他们之间的成绩可能和你儿子的成绩不相上下。不过你的孩子可以参加我们5月20日的考试，我们学校会通过那天的考试，结合之前的综合能力来做出决定。以你孩子的能力，应该没什么问题。"张老师补充道，估计是不想让我太难过。

"那么，张老师，"我困难地咽了咽口水，试探道，"我想请问一下，整个松江区推优名额有几个和我家孩子在竞争？"

"七八个孩子吧。"

"那么我孩子的胜算是多少？"

"60% 以上吧。"

"那些和我孩子竞争的学生，校园开放日那天的成绩如何？"

"嗯，刚刚说了，有好几个和你家的差不多。"

接下来，我迅速分解张老师给我的这些答案，做出了几种可能性：第一，就算是八个孩子，百川学校给到我们区推优的名额是三个，也就是成功率在 40% 左右；第二，这些孩子是不是都有参加百川学校的校园开放日的呢？如果没有，百川基本是不会考虑的。记得那天校园开放日很多学校都是撞车的，我们区县的很多学生都去了文渊，那天来百川参加自招考的孩子很少很少。这样的话，小舢的胜算就多了一层；第三，即便这些孩子都参加了校园开放日，那么他们的成绩是否都在小舢之上呢？如果比小舢的好，那么他们的二模成绩是否也在小舢之上呢？如果差不多，那么小舢的文学成果和二模数学满分又给他加了一层胜算；第四，这些参加校园开放日的孩子都有拿到推优名额吗？会不会有些是没有拿到的呢？即便是拿到了，我们小舢是最好的初中，这一点又有胜算，毕竟据我所知，很多高中录取孩子还是会看毕业学校的……

这么一理下来，我发现自己的思路特别清晰，而且有一种强大的力量推着我往前走。我又吸了一口气，定了定神，双眼看着对面的张老师，诚恳地说道："张老师，我觉得贵校可以给我孩子一个承诺。"

张老师明显地一愣，随后笑着说道："家长请放心，我们会综合考虑的，会公平公正，不错失任何一个优秀的孩子。但是，承诺，现在真的给不了，不然就对不起其他的学生了，对吧？"

"张老师，我知道您很为难，也许您内心很认可我的孩子，但是毕竟是学校，您要尊重校长，您也要服从学校的规定。但是，请允许我再耽误您几分钟，说几点关于我为何会如此冒失地请求贵校给我孩子一个承诺的原因。"

"哦？请说。"张老师有点意外，对我做了一个"请"的动作，就背靠着椅子，做好一副认真倾听的样子。

我不好意思地笑了笑，之前内心的紧张和不安基本消失殆尽，取而代之的是一股勇气和自信。

"第一，如果说和我孩子竞争的这些学生，都有拿到推优名额，成绩也是不分上下，那么请贵校考虑我孩子的文学成果和数学优势；第二，如果这些学生的成绩都比我家孩子的好，那么请贵校考虑我孩子一模二模还有竞赛的成果；第三，如果这些学生一模二模都和我的孩子也不分上下，那么请贵校考虑我孩子的单科成绩还有毕业学校；第四；如果这些学生的优秀和我家孩子并驾齐驱，那么请贵校考虑我家孩子的性别，高中时期男孩的潜力往往胜于女孩；第五，最关键的是我家孩子把贵校当做梦想的启航点，他喜欢极了你们学校；最后，如果我家孩子有的，这些学生都有，那么请老师您考虑一下现在站在您面前的这位孩子的母亲……"

"哦？"张老师发出了好奇的疑问。

我笑了笑，继续说道："要知道并不是每个母亲都会像我这样有勇气站在您的面前。"说完，我感觉有点脸红，但是我知道我说的是真话，我为自己的勇气点赞。

"呵呵，这倒是，"张老师又笑了，估计被我的这些歪理式的长篇大论给逗乐了，"您的孩子确实优秀，但是我真的很抱歉，在还没有确定你们区县所有的推优名额数量之前，我们真的不能给您这个承诺，我们要为每一个孩子做到公平公正公开。而且我也和您说了很多不能说的信息，希望您能理解我……"

虽然他是笑着说的，但我还是能感受到一股冷，一股拒人千里之外的冷。

"哦，老师，请原谅我的自私，"我急急地表达道，"作为一个母亲，我承认我是自私的，我是不可能让我的孩子去承受这 40% 的不确定性的。作为母亲，我希望把风险降到最低，哦，不，最好是没有！虽说人生应该敢于迎接未知的挑战，需要承受失败，但我的孩子还小，他生命中要去挑战和承受的东西很多很多，根本无须急着现在就去迎接和承受。再说了，中考只是他精彩人生的开始，我怎么忍心让我的孩子在他刚开始的人生旅途上就摔一个跟头呢？而且还是一个大跟头！这会不会就打击他的自信心了呢？他会不会对未知充满恐惧和不安呢？我想他的人生路还很长，我没有必要在他刚开始的路上设置障碍吧，我总希望在他出发的时候，带上的是美丽的心情，看到的是美好，对未来也充满美好……所以原谅我的自私，我不能对我的孩子残忍。"情绪再次涌上来，不但语速急了，连语气都有点激动了，胸口快速地起伏着。

是的，每次关于你的任何事情，我都无法不在乎。更何况这次是关乎你的中考命运之大事。

张老师估计被我的情绪感染了，看着我发红的眼眶，作为人父和教师的他也能深刻理解父母的心。他沉默了一下后，对我说："小舢妈妈，你不要太紧张，也不要太悲观，这样吧，你的孩子我已经记住了，有了消息后我第一时间就通知你，如何？"说完，他看着我，似乎是安慰又似乎是在下逐客令。

我知道我已经耗尽了所有的力气和智慧，该说的和不该说的我都说了，眼前这个顶着"校长助理"头衔的老师也说了很多到了他极限的话。

我顺从地点了点头，我只能安慰自己，学校一定会考虑你的，眼前这个温文尔雅的老师一定会在学校评估你的时候，为你争取机会的。你是我的孩子，别的孩子也是妈妈的孩子，我不能为了你，把人家孩子应得的公平公正的机会给剥夺了，这样你是无法原谅我的，我也无法原谅自己。

孩子，我们都是善良的人，眼前这个把我送出办公室门的老师也是善良的人。

走出这栋屋子时，我发现自己的心脏还在"怦怦怦"地乱跳，刚刚的坚强和勇敢在跨出校门口的同时，开始慢慢减弱消失，身体感觉特别疲乏，脑海更是一片空白，像经历了一场战争，一场不知道对手的战争，一场还没有结果的战争。上车后，再次回头看看这所学校，我不禁感慨万千。亲爱的小孩，是你让我第一次这么勇敢地去面对一个招生办的老师；是你让我可以战胜恐惧和紧张，思维清晰地和老师说话；也是你让我一次次冷静地控制这几天的情绪，以一个母亲的身份和老师谈判。只是在发动车子的那一刹那，我突然觉得结果是什么已经不重要了，重要的是我为了你去努力了，去争取了，那么我想我们彼此的遗憾会减少很多很多……

亲爱的小孩，人的一生中会面对很多选择题，生活和命运都会对我们发出它们不同的邀请战书，有时候我们会选择接受这份邀请，有时候我们会选择无视这些邀请。这就是每个人内心都会有一杆秤的原因。在成长的过程中，我们要慢慢学会用内心的这杆秤去衡量和评估。选择迎接挑战，那是因为我们觉得值得，那是因为我们深深明白，只有挑战成功才能到达另一个生命的高度和厚度，所以必须接受这份战书，这同时也是生命的馈赠。选择无视，并不是逃避，而是妥协。妥协并不是没有战斗力，并不是狭隘，有时候恰恰是一种宽广，是一种博大。因为我们的生命中有很多事情需要我们去妥协，比如"爱"，比如刚刚鼓足勇气踏进校门口的我。因为对你的这份爱，我和尊严妥协，我和内心那个胆小又无用的自己妥协，甚至我愿意和全世界妥协……当我选择为爱妥协时，我就要尽我所有的力量，给你支起一个能撬动未知的支点，努力把那些不可能性变成可能性，也许给不了你一双翅膀，但我想用自己的身体做你的跳板，只为了让你有可能跳得更高更远……

从百川学校回来的第二天，接到一个朋友的电话，虽然我很少把自己的焦虑说给她听，但她似乎料到我已经被焦虑折磨得身心疲惫。她告诉我，不要把自己放在一棵树上吊死，不要把所有的期望和选择都放在百川，人要学会变通，当一条路快要走不下去的时候，请把目光放得远一点，看看其他的路，也许身边还有一条更适合你们走的路，也许这条路始终敞开怀抱等待着你们……

醍醐灌顶！

我突然意识到自己差点儿犯一个致命的错误。因为这两天我一直在思索一个问题，如果百川不给我们承诺，我在网上填写志愿时，第一志愿还会不会选择它？你们校长说了，推优也有两个志愿，但是一般学校只看第一志愿。在我的心目中，只有两所学校——百川和文渊。如果我第一志愿填写了百川，那么就等于放弃了文渊，一旦百川审核通不过，那么你只能拼裸考；但是文渊就不同了，以你一模二模在区里的排名，他们一定会要你的。

朋友的这番话，让我开始动摇内心一直坚持的决定——第一志愿填百川，如果没被录取，裸考零志愿也依然是百川。其实最重要的不是这个，而是我突然变得不再那么恐惧了，因为我发现所有的结果主动权都在我这里，只要我在网上填写志愿时，第一志愿填写文渊，那么你依然有 99% 的机会被提前录取，而且还是实验班。因为听说排名在区前 100 名的孩子基本上都会进实验班。

我这个溺水的人，终于抓住了一根真正的救命稻草。我所有的焦虑和焦灼因为这根救命稻草的出现，变得不再那么密集和疯狂，我慢慢地开始以一种平常心等待百川的消息。

那天，我刚刚从会议室出来，办公桌上的手机就响了，拿起来一看，这个熟悉的号码让我瞬间眼睛亮了。

"您好，这里是百川学校，请问是小舳的家长吗？"一个女性的声音在我耳边响起。

"是的，老师。"我毕恭毕敬地回应。

"家长，你的孩子通过我们综合评测，被我们列入预录取的名单，请在网上填写志愿时，第一志愿记得填写我们百川学校。"女老师口齿清晰地交代道。

我一下懵了，似乎幸福来得太突然。

"老师，您的意思是……"我咽了咽口水，拍了拍狂跳的心脏，试探道，"你们学校要我家小舳了，是吗？"

"嗯，是的，只要你第一志愿填写我们学校。"女老师回应。

"是不是只要填写志愿填了百川，我家孩子就被你们学校预录了？"我太紧张和激动了，以致一直在重复问同一个问题。

"是的，家长，但是要填写第一志愿，不然没用。"老师不厌其烦地回应我。

"嗯，嗯，我知道，我知道，"我又咽了口水，继续问道，"那我是不是现在就去学校签约呢？"

"嗯，看家长方便，不签也无妨，只要第一志愿填写我们百川就行。"女老师把这个最关键的话不断地重复道。

"好的，谢谢老师！"

我太开心，太激动，太兴奋！看来我前两天似乎已经淡定下来的情绪是假的，看来我还是那么在乎百川，看来我的小孩还是很优秀的，看来所有的付出和等待都是值得的。

这个时候，我才发现，从你初三开始到现在，此刻是我有史以来最轻松的时刻，轻松得连呼吸都开始飘飘然了！

学霸加油站

1.与其害怕恐惧，不如消灭恐惧。面对难题，谁都会发怵，即便我是数学学霸。但我绝不恐惧，而是翻开数学书，看这道题目所涉及的知识点，从定理、推导到例题，我都会再看一遍；如果还是不会，就看笔记，琢磨问题，不断地打开思路，换不同的角度去看这道难题；如果还是不会，我可能会借助百度，查查类似的题型，然后记录下来，并写下解题心得。

2.请不要怀疑自己的智商。不是每个人都是学霸，即便是学霸也不是每道题都能得心应手，所以千万不要怀疑自己的智商。与其怀疑，还不如找一些自己不是很懂的单元习题来刷题，在刷题的过程中，也许你会发现自己对这个知识点并没有了解透彻，只是了解了表面，那么这个时候，就应该拿出刷题本，开始写你错的这道题，然后问为什么会错，对应的知识点是什么，还有没有不同的解法。

3.不要拿别人和自己比较。每个人都是独体，不可复制，所以不要攀比。你要坚信自己的优点，当然也要看到自己的缺点。在这个特殊的时期，自信比什么都重要，所以学会把自己的长板发挥得更好。另外，还要把自己的短板拿出来，不断地锻炼和突破。好记性不如烂笔头，我喜欢把任何事情记录下来，比如你记录你的长板和短板，然后给自己制定一个目标，到时再看看，自己的短板到底有没有改善和突破，这种方式也可以用在学习上，针对自己比较薄弱的科目，定期看看自己有没有进步。

第四章

妈咪，请听我"说"……

这个世界并不是掌控在那些嘲笑者的手中，而恰恰掌控在那些能够受得住嘲笑和批评，不断往前走，又不会迷失自己的人手中。你说，真正的学霸不是上了名校，而是在学习过程中不断突破自己创新自己，找到最适合自己的路的那个人。你说，未来的中国人不是不断去复制别人的路给自己走，而是创造自己的路让别人去复制去走。我想说，孩子，发牌的是上帝，出牌的永远是你自己。

1　日记——请给我勇气，遵从自己的内心

我从一开始就选择错了。

——选择成为一个好学生，一个看似优秀的好学生。

是的，看似。

而其实呢，我只不过是靠着一点脑子到现在。我承认，我不努力，或者说我不曾好好努力过，就走完了小学阶段，步入中学，成为老师和家长眼里心中的好孩子。一开始也许我曾为此骄傲过，但现在我只觉得悲哀！悲哀！

因为我突然发现，只要考出好成绩的时候，就会众星捧月；但是一旦你考砸了，立马会有很多来自不同人的怀疑的声音，即便那段时间，我是努力的，还是会被戴上"不努力"的帽子。

然后因为这一次的考砸，会被经常地重复，考砸了……考砸了……

——难道考砸了我自己心里不知道吗？要你们一次又一次地像复读机一样在我耳边重复吗？

还不如一开始就是一个差生，明目张胆地混，明目张胆地表现出不努力，明目张胆地没有才能，而只要你在考试的时候，稍微用功一下，考出一个让大家意外惊喜的成绩，那么你就是宠儿，就是奇迹，你会让所有的人看你的眼光都带着一种光，老师和家长会不停地表扬你，甚至会动用世界上最美丽的词藻来组织形容你的语言。

同样是努力，待遇却是如此不同！那么何必还要努力？

但是我必须努力，必须还要成为众人眼里的好学生，必须要为自己负责！我知道只有努力了，才有资格做一个斑斓的梦。比如你会期待自己的未来有一个美好的发展，你的人生将会从此精彩，你生命的价值由此歌唱！这个梦，我经常做，因为太美妙，我曾经不止一次有过让自己瞬间长大的幻想。

可是，最近，我突然开始怀疑自己的努力到底有没有意义。因为我发现有些东西根本就不是我所能掌控的。

说不定这就是命！命中注定的！

如果真的是命，我是不是就该认命？但我又是那么不愿意被它束缚，因为我从不信命！

周六上午，我在给你房间整理书桌的时候无意间看到了这些文字。

它被记录在一本你从台湾带回来一直舍不得用的笔记本上。也许就是因为它的特殊，才会让我在众多本子里对它产生了好奇，才会鬼使神差般翻开扉页，然后读到了以上的文字。

我本能地震惊。

从文章的分段和描述，我能感受到你当时的心境，似乎还能勾画出你的表情。从字的力度，能触摸到你当时带着一丝无奈无助甚至是愤怒的情绪。

你没有写日期，但我还是能敏锐地嗅到这应该就是在这几天写的。你到底遇到了什么，想要写这样的文字？你到底通过这些文字想倾诉什么？抑或是想控诉什么？

控诉?! 当这两个字从我的脑海中闪过的时候，我的心猛地一沉，似乎意识到些什么，却又不敢去触碰。

我扔下了手中的抹布，坐在你的床沿，开始思索。

自从我告诉你，百川来了电话，你被预录取的消息时，你压根就没有我想象中的激动和兴奋，只是淡淡地"哦"了一声，就再也没有任何言语和表情了。

随后的几天，你在车上只有一个动作——看着窗外，缄口不语。好几次想张嘴和你说话，却被你的冷淡给憋回去了。偶尔想从后视镜里捕捉你的眼神，却看到你眉头微蹙，嘴巴紧抿。

好几次在家里，我故意紧紧盯着你，你却假装视而不见，要么低着头吃饭，要么低着头写作业，似乎你将我调成了无声模式。

我不止一次问你是不是最近学习压力大，你总是用一个简单的"唔"

语气词来回应我，我不知道这个字代表"是"还是"不是"，或者说根本就是敷衍。

本来以为你学校的事情终于尘埃落定，我终于可以摆脱这磨人的不安、忐忑和恐惧，不必再在无望中等待，但是你突然的冷漠和沉默真的让我很担心，甚至产生了一种新的恐惧。

你到底怎么了？你的脑袋瓜里到底在想什么？

从你的文字中感觉像是考试考砸了，被批评了。可是最近我根本就没去关注你的考试了，临近中考，你们基本上每天都在考试，我哪有那么多的精力。难道你文章中说的被批评是指老师？

就在前几天晚上，我打了一个电话给你班主任，想具体了解一下你最近的状况。说真心话，虽然接到了百川的电话承诺，但因为还没有通过网上自招正式流程，我内心还是有些惴惴不安，除了担心百川突然会反悔，还希望你不要因为预录了而产生放松的心态。

"恭喜小舢妈妈，小舢如愿以偿进入百川，这也是你期望的。"电话刚一接通，你班主任就立马祝贺我。

"谢谢老师，不过毕竟还没有走正式的自招流程，最终学校会不会反悔也不知道呢！"感谢之余，我还是说出了自己的担心。我喜欢和你班主任交心，因为我一直认为老师是一个和你没有任何血缘关系，却始终为你的学习和成长无私付出、牵肠挂肚的人。

"哎呀，这个你就不要瞎担心了，有史以来，我只听到过学生在最后一刻变卦的，没有听说过学校突然变卦的，更何况百川这样的名校，他们把信誉看得比什么都重！"你班主任在电话那头笑着说道。

"哈哈，好吧，原谅我的想象力，"我自嘲道，随后话锋一转问道，"最近小舢学习状态如何？我不想因为这个预录取的事情，让他翘尾巴。"

"昨天考了一张英语卷，听英语老师说，小舢做得不是很好，不过老师也没有批评他，只是让他以后审题仔细点，多思考。还有你说的翘尾巴，我感觉他不会，最近我们几个老师也会拿他开玩笑，用他作为典型来说教那些已经开始放松的同学们，每次说到，他都是低着头，抿着嘴，微微一笑，完全没有流露出骄傲和自鸣得意，你放心吧……"你班主任又是笑着说道，我能感觉到她对你的那种宠爱和喜爱，就像是对自己的孩子一样。

"千万别被他的表象所蒙蔽，谁知道他内心是怎样的……"我不屑地说道。这一点我似乎特别不好，总是在老师夸赞你的时候否定你。

"你家小舢有分寸的，你不要给他太多压力，不然适得其反，中考最后拼的是心态。"你班主任再次和我强调，她对我这个焦虑的妈妈还是很了解，时不时在我耳边敲一敲警钟，当然，她的警钟对我很有效。

想到这里，我还是没有发现谁因为你考砸而批评你，那么你文字中写的到底是什么呢？你说的努力没有意义，你无法掌控的意思又是什么呢？

我猛地从你床上跳起来，扑到书桌旁，再次打开那本笔记本，才发现隔着那篇文字几页的后面，还有一段文字。

我总是会想象。

就像我刚刚坐在车里，我就在想是否世界上会有一个与我一样的人，他可能是美国的，可能是英国的，也可能是中国的，他是不是和我一样喜欢和自己对话，哦，不，不是真的说话，而是用文字来对话。

当然也有可能是在夜深人静时，和夜色说话，和虫儿谈天，和未来的自己对话。我会说什么呢？会说这个世界太不公平吗？就像前一段时间的体育测试，明明我和一个同学长跑的时间是一样的，但是那个胖老师却给我扣了0.5分。难道说这中考真不是人能承受的，老师疯了，学生疯了，家长也疯了吗？难道说有时候人生真的很无奈，明明是你努力创造的机会，却会被人白白占去，而且还是名正言顺地占去？

在写下这段文字的时候，我突然莫名紧张，紧张我妈咪突然会进来。如果她进来的话，我想我一定会捂住本子恶狠狠地说，不准动，动它我就全部撕光。不过说真的，我又希望她能看到我的这些文字，但又不想她看到。她强烈的好奇心不止在于她对我写的东西好奇，还会引发她的十万个为什么，这才是让我最头疼的！

突然觉得手好酸，眼睛好疼。还有一堆作业等着我去消灭，其实真的不想再做了，做来做去都是些本质一样只是长得不一样的题目，就像每天吃着同样的饭菜，突然就会反胃……

很想有人说说话，然后环顾整个房间，除了我自己就剩下我自己了，一种莫名的忧伤渐渐弥漫开来……

我突然对这个本子产生了强烈的好奇，因为我感觉自己一不小心闯进了你的内心世界，你似乎在用另一种方式和我说话。所以，我又开始认真地翻阅，果然在后面几页又发现了几行字。

我违心地向我妈咪道歉了。

绝对违心。因为什么？因为我不想再听到她所谓的一大堆大道理，还有那双含泪的、一副恨铁不成钢的眼睛。

我已经不想再和她争吵了，因为每次争吵过后又要和好，我觉得太累，我没有那么多时间浪费在不断的争吵与和好上，我有很多事情要做，还有每天快要把我压垮的作业。写到这里，我突然有一种很深的恐惧感，我会不会就长不高了？医学上说，人的生长激素在晚上会到达一个高峰，但我的晚上都献给了那些做不完的题，悲催吧……

言归正传吧，不扯远了。我为何要向我妈咪道歉呢？

前不久看了一部电影，叫《一条狗的使命》，但我更喜欢叫它"A dog's purpose"。影片告诉我们要学会珍惜当下，所以我擅自把它理解为"Just do it"。

在我脑海里突然滋生了想要玩电脑的念头时，这句话像幽灵一样跑了出来。不用猜，你们都知道接下去我做了什么。

没有错，我偷偷跑下去玩电脑了，而且还是三更半夜！虽然我知道这样的决定是错误的，我不该在这个时候玩游戏，但是那句"Just do it"，让我告诉自己要遵循内心。

悲剧从一开始就注定了，不是吗？第一时间我就被我妈咪抓了个现行，她当时那暴怒的眼神，似乎要把我活吞下去，还有阵阵嘶吼，简直想要把整个黑夜撕碎。其实我真的不是害怕她的暴怒和嘶吼，因为我知道她舍不得动手打我，她也不能把我怎么样，她除了用言语和声音作为武器来和我作战之外，别无他物。如此想来，她是可怜的，爱让一个人富裕的同时也让一个人贫穷。我也一样，我也可怜，因为我真的见不得她的眼泪，她那抖动的小肩膀，还有那似乎被风一吹就会倒的身体，所以我选择妥协，选择和她主动道歉。

这算是爱吧，哪个父母不爱自己的孩子，就像哪个孩子不爱自己的父母一样。爱就是要妥协，我一直认为。

但，不是没有底线的妥协！！！

如果说之前都是你的自说自话，那么这段文字算是比较有情节的。我能想象你在写下这些文字时的样子，甚至还能感受到你那颗善良的心。只是在看到最后一句话，那一连串的感叹号，我还是惊出了一身冷汗！

你的所谓没有底线的妥协是指什么？你是要和谁妥协？一种强烈的直觉告诉我，这个本子里一定还有你其他的文字，而且那段文字一定和这些问题有关。

我急急地翻找，按照你写一篇隔几页空白的规律一路往下翻，都是空白，崭新得如同刚刚印刷出来的，就在我快要放弃的时候，我看到了隐藏在本子最后一页的那些文字。

够了！真的够了！

我真的不想再听到这样的话，真的不想再看到那样的眼神！

我从来没有因为自己被百川预录了觉得开心，觉得兴奋，觉得快乐，甚至是一种骄傲！

于我而言，这所学校对我根本没有任何吸引力，有的只是压力和压迫！

请你们闭上那些所谓赞美的嘴！请你们收起那些所谓羡慕的眼神！

我突然觉得很累，不是学习带给我的累，不是中考带给我的累，而是我的内心有一种声音，它随时都要从我的嘴里奔跑出来，但是我还没有组织好语言……

但是，我要说！我一定要说！我必须说！

请给我勇气，遵从自己的内心！

我听见了内心的震撼，是的，我的心在这一个个字中颤抖，孩子，我亲爱的小孩，你是否有太多的话想对我说？你是不是不敢说出口？孩子，说出来，让妈咪听听好吗？

2　对比——一杆始终摇摆不定的秤

自从偷看过你的日记后，我始终对你小心翼翼。你变得沉默我变得敏感，但有些事不管你再沉默我再敏感，我们都得去面对，比如已经提上日程的网上填志愿。

这几天，"中考帮"依然热闹非凡，大家已经把之前自荐和推优的话题渐渐转向了网上填写志愿。从一开始的担心害怕自己的孩子没有被预录取，到现在手头有两所学校的选择，家长们又开始在内心纠结了。每天的帖子基本都是在纠结让自己的孩子到底要去哪所学校，哪所学校才是适合孩子的，怎么说服孩子去家长们所期望的学校……

我也一样。一开始我没有任何纠结，选择很清晰，当然是百川，毋庸置疑！但是看了你的日记后，我似乎感觉到了些什么，对于这个志愿的选择开始有所动摇。

这几天我不停地问老师，问朋友，问同事，问题都只有一个：

——你们觉得我家小舳是去百川好还是去文渊好？

收到的回复基本都是相同的：当然是百川啊，你傻啊，人家想进都进不来，你们有机会进还想放弃？你脑子进水了吧。

就在今天，我下班回到家，刚从车子上走下来，就被对面的阿姨给拦下来了。

"哎哟，你家儿子太棒了，听说百川中学都录取啦！"阿姨对着我大惊小怪道。我猜一定是你的外婆在宣传，不过也不能怪她，老人家嘛碰到好事情总是喜欢到处炫耀的，作为晚辈难得满足一下她的虚荣心，也是有必要的。

"呵呵，是的，阿姨，"我笑着回应，只是后面加了一句，"不过我还在考虑要不要让他去，因为觉得文渊也不错，离家又近。"

"哎哟，你这小姑娘傻掉了，脑子怎么想的啊，百川和文渊你肯定得选择去百川。那天我和我家女儿说对面的小男孩考上了百川，我女儿说太厉害了，说百川现在好得不得了，这么好的学校对你的儿子肯定有帮助，平台都不一样，以后眼界也不一样啊，你千万别脑子一热，放弃啊。"对面阿姨瞪着一双圆圆的眼睛，对我说道，语速快得像机关枪。

"嗯，我也想让我家儿子去，可一来担心他跟不上，毕竟人家都是市区的牛蛙；二来嘛，怕自己也不习惯，平时都在身边的。"我实话实说。

"哎哟，我说你这个小姑娘啊，孩子长大了嘛是要离开的，难不成你还要让你儿子在你身边一辈子呀，再说了，男孩呀，应该把他放出去独立了，不然以后性格冲不出去的。还有啊，人家市区怎么啦，你家儿子也不赖的，我一看嘛，就是个聪明的孩子，你要对他有信心！"阿姨依然把眼睛瞪得溜圆，叽叽喳喳地说道。

"哎，昨天我们几个邻居还在议论你家儿子的事情，大家一致认为你家儿子肯定要去百川的咯，这个嘛，你还有什么好纠结的。"阿姨又说道。

"嗯，我也是这么想的，就是担心孩子不知道怎么想……"我笑着回应，阿姨实在太热情，我有点招架不住。

"哎哟，小姑娘，我和你说，别听孩子的，他懂什么啊，"阿姨拍了拍我的手臂，压低喉咙说道，似乎怕你听到，其实你根本就不在车上，随后她突然转身要离开，只是还不忘叮嘱我，"小姑娘，记得让你儿子去百川啊……"

看着阿姨离去的背影，我真的有点哭笑不得，但是又感动不已。连邻居都很关注你的动态，关注我家有个中考娃，还不忘给我出主意。

听着这个那个的声音和建议，我内心越来越纠结和矛盾。急冲冲地洗好米，插上电源后，我又急急地跑出去接你放学。

路上，我打开了蓝牙，还是想打个电话给闺蜜，她是高中老师，也许她的建议能更中肯点儿。

"亲爱的，咨询你个事儿，你觉得小舳去百川好还是去文渊好？"我直奔主题。

"百川和文渊有什么区别吗？"她没有回答我的问题，而是抛给我一个问题。

我一愣，本能地回应："当然有区别啊，难道你不知道吗？"

"其实非要说区别，也就是学校的名气上有区别，至于好与不好，没有界定的。关键还是要看孩子本身，看孩子是否和这所学校有缘，他是否喜欢最重要。"她很理性地分析道。

"但是百川师资力量强，平台也好啊。"

"相等的，因为他们的生源好。一个学校的好坏，很多时候取决于生源，而不是师资。"

"但是百川是有名的名校，我好不容易让小舳考上了，难道就这样放弃吗？"

"当然，如果你内心觉得非要因为百川是名校，那你就遵从你自己的意愿，让小舳去百川，不过我想提醒你的是，去读书的是小舳不是你。"

"那你啥意思吗？你的意思是让小舳去文渊咯……"我有点情绪了，感觉她似乎在说服我让你去文渊。

"我不是这个意思，我是说，还是听听小舳的意见吧……"她建议道。

我有点不开心地挂了电话。其实我打这个电话，真正的用意是想让她巩固我想选择去百川的决心，结果却适得其反。

　　到了校门口，看你还未出来，我把车子挂在停车挡，就开始刷"中考帮"，我意外地发现，里面一个关于"百川给你的是什么班级"的帖子特别火，点击进去一看，忍不住倒吸一口冷气。

　　楼主的问题是这样的——是不是推优的孩子只能进平行班？

　　光这一句就让本来还在纠结到底选哪所学校的我，心里咯噔了一下。努力在脑海里搜索了一下，对啊，似乎那天老师给我电话，自己兴奋过头忘了问这个问题。

　　瞄了一眼车上的时间，正好下午五点整。我二话不说，直接关闭"中考帮"，拨通了百川的电话，我想抢在老师下班之前问清这个问题，不然今晚又要担心一整晚。

　　电话响了很久很久，不知是因为我在车子里的缘故还是那里办公室的老师都下班了，那"嘟嘟嘟"的声音显得特别空旷。

　　"喂，哪位？"终于那端传来一个急急的声音，我一听，这似乎是第一次接听我电话的女老师，讲话特别急。

　　"老师您好，我就想请问您一个问题，耽误您两分钟时间。"知晓了她的脾性，我也急急地表态，怕她一着急把电话挂了。

　　"你说吧。"声音依然很急。

　　"那天学校通知我说孩子已经被预录取了，不知我的孩子是进实验班还是平行班？"我急急地组织语言表述道，随后又补充道，"我们是推优的。"

　　"这个你明天再打电话过来问吧，我们下班了，我查不到。"那端急急地回应我，我似乎看到这位老师已经拿起包，半个身子已经离开了放电话机的桌子。

没有问到结果，我的内心如千万只蚂蚁在爬，情绪莫名又被之前的那种焦虑和忐忑给裹挟了。

"中考帮"里，这条帖子继续在热议，我看到有一个家长的回帖说她的孩子也是推优的，不过进的是实验班。

我看到后面有个家长跟帖，问这个家长孩子的成绩和所属的区县。我刚想仔细看看，你不知何时如一股风卷进了车厢，然后什么也不说，就把头往我身边的副驾驶座位看，我知道你在找吃的，可惜今天我太匆忙，忘记给你拿吃的了。

你有点失望地往后倒去，身子无力地瘫在后座上。看来你是饿了，想到刚刚因为被对面阿姨拉住说话，我都没来得及把要炒的菜准备好！我直接放下手机，发动了引擎。

"小觥，百川和文渊你想选择哪个？"我假装若无其事地问道。

"我有选择权？"你反问，语气平静，语言很尖锐。看似反问，却明显地带着一丝嘲讽。

"当然！"我不假思索地回应，为了表示我的真诚，又补充道，"你的选择很重要！"

"那好吧，我就选文渊。"你淡淡地回应。不知为何，我觉得你这句话带着一丝挑衅。

"为什么？"我追问。

"喜欢。"

"什么地方喜欢？"

"全部。"

我开始沉默，这样的交流没有任何意义。你是故意的，你故意气我，然后让我主动闭嘴。但我偏不！

"小舢，你这样有意思吗？"我愠怒道，"一本正经地问你，你却不好好回答，你觉得你这样真的好吗？"

"我也是一本正经地回答了你的问题，而你非要觉得我在开玩笑，那我也没有办法。"你回嘴道，语气依旧平静。

"你这叫一本正经？"我反问，语气中带着怒气。

"怎样才算是一本正经？"你淡淡地反问，随后嘲讽道，"我说选择百川，这才算是一本正经地回答吧？"

"你！"我气急，语噎，对着后视镜翻白眼。

良久，我缓过神，又从后视镜瞄了一眼假寐的你。

"文渊有什么好，你非要选择文渊？"我质问你。

"百川有什么好，你非要让我去百川？"你反问。

看来你今天和我杠上了，没事，我不怕！沉默已久的你，我需要你今天这样的状态。

"百川是名校，百川师资力量强，百川平台高平台好，百川的教学质量一直稳步向上……"我一下列举出很多百川的好。说完，我微微抬头，从后视镜瞄了你一眼，看看你的反应。

"文渊是老校，文渊的老师亲切随和，文渊的平台多平台稳，文渊的教学质量一直在跨越中突破……"你用我的表达方式完整地回应了我。

"切……"我不屑地翻了翻白眼,"那你说几个你想要去文渊的最直观的理由吧,"我压制着怒气,用还算平静的语气要求道,"不能说一些虚空的话。"

"很简单,文渊里会有很多我的同学;文渊的环境我也很熟悉;文渊离我们初中学校近,到时想看老师也方便;我还喜欢文渊的气质,一种百年老校的气质!"你娓娓道来,沉浸在自己的世界里。

我又从后视镜剜了你一眼。你的理由虽然直观,但是实在是太 Low 了。

"就因为这些,你就要放弃一个可以让你飞得更高走得更远,能给你更好平台,开拓你更宽视野的好学校?"我反问。

"你所谓的更高更远更宽视野的学校未必就是我想要的。"你冷冷地反驳道。

"你懂什么啊,你对百川了解多少,你凭什么就这么认定那不是你想要的呢?你又对文渊了解多少呢?请问。"我换种方式追问。

"那你呢?你对百川了解多少呢?你凭什么把百川夸得那么好呢?凭什么就认定那些是我想要的?你又不是我!"你咄咄逼人。

"我当然了解,这不是我瞎说的,而是靠数据说话的。你知道百川考上清华北大的人有多少?文渊有多少?考上复旦交大的百川是多少?文渊又是多少?本科率是多少?你知道吗?这些我都是了解过的,不然我怎么可能会信口开河?即便我真的信口开河,我也不会拿我自己的儿子去做小白鼠吧!"我稀里哗啦地反击你。

"你只会看这些数据,却忽略了一个重要的问题,这些数据对你的孩子真的有吸引力吗?你的孩子真的需要在这些数据中吗?他难道是为这些数据而学习吗？"你快速地反驳，而且问题相当尖锐。

我一下子懵了。

"什么意思？"我傻问，本能地傻傻地问道。

"你自己好好思考吧……"你冷冷地回应。

"搞笑，超级搞笑！如果你不是为了这些数据，那还上什么高中啊？如果这些数据对你没有任何用，你干吗要考高中啊？如果你不在这些数据中，我干吗让你这么努力啊？我干吗费那么多神啊？我神经病啊，我吃饱了撑的啊，我闲着没事干啊！"你终于激怒了我，我如机关枪一样扫射你！

"你总是追求那些数据，总是看着人家的成功之路，总是把我往你认为是最好的地方推，你有没有想过这些真的适合我吗？这条路真的是我想要去走的吗？你确定我走这条路的未来和你想象的是一样的吗？万一不一样呢？你会不会失望？你会不会难过？你会不会觉得我没用？"你吐字清晰，语速惊人，每一个问号都像针尖一样刺痛着我的心。

"老妈，你不要复制别人的路让你的儿子来走！"你终于大叫。这声音似乎压在喉咙很久很久了，此刻好不容易冲出了嘴巴。

你的嘶吼，你的话语震惊了我，让我想起了你的日记。难道你所谓的那句"遵从自己的内心"说的就是选择学校这件事？那么你的另一句"妥协不是没有底线的"，看来是针对我的，你决定在选择学校这件事上遵从你自己的内心，绝不和我妥协。

"我怎么就复制别人的路让你走了？"我有点委屈地追问。

"你没有吗？你说每个人都觉得百川好，百川考上名牌大学的孩子很多，你觉得在这所学校就读考上好大学的概率比别的学校大，机会也大，所以你就认定我应该走这条路。"你不友善地回应。

"这是事实啊，我也是为你好，为了让你少走弯路，能胜利地走上相对比较安全和平坦的路，难道这也有错吗？难道我为你好我就是在逼你吗？"我大声质问。实在无法忍受你无视我对你的爱，无法接受你到现在还不知道这一切都是因为你是我的孩子，我爱你，所以不忍心看你被以后的生活折磨、算计。

"你没有错，我没有说你错！"你大声反驳道，脖子的青筋暴起。

"我只是觉得这条路并不适合我！我只是感觉在别人眼里的成功之路也许不是我的成功之路！我只是觉得这条路上足迹太多，我怕找不到自己的足迹，我怕迷失在别人的脚印中，我怕这么盲目地走下去，会丢失了真正的自己，最终让你失望！"你继续吼道，满脸通红。

我不敢把视线一直落在你的脸上，但是从你的语气中我能明显感受到你情绪的剧烈波动。还有你这样的一番话，让我突然觉得你好陌生，这是我的孩子吗？是那个听话还偶尔和我撒娇的孩子吗？

"小舳，"我困难地咽了咽口水，努力让你的情绪变得平静，"鲁迅说，这世界上本没有路，走的人多了也就成了路。那么如此，很多人都在走的路，怎么就不适合你走了呢？成功的路就是因为走的人多了，才能鉴定和评估它是否是成功的，不是吗？"

"老妈，你有没有想过，鲁迅说这几句话，其实并不是动员我们每个人都去走同一条路。每个人都是不可复制的，成功也是不可复制的。你有没有想过，鲁迅也许是让我们学会自己去创造一条路，然后让后面的人来跟着你走，走在你创造的那条路上。这一点你有想到过吗？"你的情绪也渐渐平静了，心平气和地和我分析道。

我一愣，没想到你会从这种角度去分析鲁迅的这句话，让我不但惊喜而且觉得值得思索。

看我沉默，你继续说道："老妈，你一直羡慕别人家的孩子，羡慕隔壁的学霸，虽然我算不上学霸，但是我个人认为，真正的学霸也许不是因为你上了名校，考上了一流的大学，而是你能了解自己，知道自己想要什么，然后找到那条属于你自己的路，创造出一条适合你走，能留下你的足迹，甚至会让后人去复制的路。你在这条路上，不用担心别人的脚印盖住你的脚印；不用担心因为脚印太多，你会不知所措，何去何从；你更不用担心会迷失了自己。因为只有这条路才能让你找到真正的自己，因为找到了真正的自己，你才能走得越来越远，越来越顺……"

这一次，我把车稳稳地停在了我们家的车库门口，转过身子，很认真地端详你，目光紧紧地锁住你。这就是我的孩子，一张稚气未脱的脸，额头上的痘痘告诉我你正值青春，你在渐渐长大，更关键的是，刚刚那番话是从你的嘴里说出来的。孩子，你让我突然觉得自己那么渺小和无知，如果不是你的这番话，也许我根本不会听到你说的这些，更别说会想到。不过孩子，妈咪还是需要冷静地思考一下，我还需要确定一个消息，原谅我不能这个时候表态。

3 徘徊——不同的声音都有不同的理由

我不知道自己在这张黑色的办公椅上翻来覆去折腾了多久，只知道本来要看的资料纹丝不动地摊在办公桌上，打开的电脑早已黑了屏，一支笔在右手的手指尖反复旋转，旋转……

——家长，鉴于你孩子开放日的成绩，我们现在不能给他实验班，不过通过中考的成绩和开学的分班考，孩子还是有机会进入实验班的，毕竟我们留了一部分名额给后面的同学。

——我们学校有四个实验班，我在实验一班，理科班，所以每次理科测试没有一个班级能考过我们理科班，一般平均分数都相差在十几分左右。不过其他的科目，平行班也很难考过实验班。

今天上午百川学校老师的声音和校园开放日那天那个百川学校的高一志愿者的声音来回在我的耳边回响，交错……

百川是我一直向往的学校，我费尽所有的力气和精力就是想让你有一天穿上百川的校服，走进百川的校门，成为百川的学生。但是，就在刚刚，百川学校回答了折腾我整晚的问题，你没有被分到实验班。我的心除了失落还被蒙上了一层灰，但同时却让我突然开始思考：如果不是实验班，那你还有去的意义吗？

只是下一秒我脑子里迸出了另一个想法，百川不能给我们实验班，那文渊呢？会不会也给不了我们实验班呢？这个突然而至的念头把我吓了一跳，手指一抖，在指尖旋转的笔一下掉落下来，在桌上滚了几下后，

"啪"地摔在了地上。

我无暇顾及。

马上拎起电话，没有任何考虑就拨通了文渊学校的电话。

"您好，我是学生家长，请问是文渊学校吗？"

"我的孩子参加过贵校的冬令营，但因为个人身体原因未能参加贵校的校园开放日。我们一模是全区 85 名，二模是全区 55 名，而且还拿到了推优名额，如果我们第一志愿填写贵校的话，我想请问一下我们能进实验班吗？"

比起百川，我似乎在面对文渊的老师时，说话比较自信，甚至都没有问他们要不要你，我是有多大底气啊？是谁给了我这份底气？当然不排除首先你就读的中学是全区最好的；其次文渊是我们本区的学校，所以对本区的孩子会优先考虑；最后当然是你一模二模的成绩排在了全区前 100 名的原因。

挂了文渊的电话后，我的内心多了另一种情绪，叫"笃定"，但随之而来的又是新一轮的纠结。

——文渊是实验班，百川是平行班，我到底让你去哪里？

据我听说，每所学校的实验班都是配备了实力最强的老师，而且能考上一流大学的孩子基本上都是实验班的。若这个数据是真实的话，那么很显然进实验班肯定比进平行班好。但是换个角度来说，学校与学校之间的差距有多少，这是前提。如果一个是四校之一，另一个是市重点排名后面的学校，那么这个平行班远远超过另一个实验班，等同于不好学校的实验班还不如好学校的平行班。

问题是文渊也相当优秀，这就是当时我为何把它列入除百川外唯一的考虑对象，为何愿意放弃一些市区比较好的学校选择它的原因。

——请教！百川的平行班和文渊的实验班哪个好？

我在"中考帮"里发了这样一个帖子，然后就捧着手机，眼睛盯着屏幕发呆。按理来说我应该选择文渊，毕竟刚刚那老师语气很坚定地告诉我：只要我们第一志愿填写文渊，学校就让孩子进实验班。就从这点上看，文渊要比百川实惠得多，人家学校不管如何很是相信你的孩子，很在乎你的孩子，很器重你的孩子，很欢迎你的孩子……可惜，它的竞争对手是百川，这个让我梦寐以求，让我始终放在首选位置的百川，让我情何以堪？

——让我选择，我当然选择百川，这有什么好纠结的。

帖子后面突然冒出了这句话。我不动声色，等待更多家长的回帖。因为我知道现在很多家长都处在纠结和矛盾之中，很多家长其实和我一样被同样的问题困扰着，看着越来越近的网上填写志愿时间，越来越举棋不定，越来越焦灼不堪。

——换作我，肯定选择实验班，资源完全不一样的，再说以后能考上好大学的都是实验班的。

——楼主还考虑啥，当然去文渊的实验班啊，你去百川进不了实验班，就去当分母吧，先不说实验班和平行班教育质量不同，就单看他们这几年的数据，那些考上名牌大学的哪个不是出自实验班的？

——我觉得应该去百川，毕竟平台不同，百川的平行班都要比文渊的实验班好，再说平行班怎么了，里面也都是牛蛙，靠自己努力，同样还有机会考进实验班，即便考不进实验班，也能考名牌大学。

——努力？你说得轻巧，你在努力，别人也在努力，教学资源不同，你再怎么努力能努力得过人家实验班的超牛蛙？再说了，说还是可以考实验班的，问题是你有多大把握能考进啊？除非你一开学的分班考考得特别好，不然靠你一年之后的分班考，基本没戏。楼主，我不是泼你冷水，想靠开学考考进实验班，那你现在就得给你的孩子去补高中的课了，整个暑假都不要落下，不然……

——楼主这是炫耀啊！像我们这种青蛙别说实验班了，连平行班都进不了。这两所学校更不要说了，望尘莫及啊，你呀就不要在这里打击我们这些青蛙的家长了，不作兴的……

——百川，肯定选百川！平台不同，高度不在一个层次，没有可比性。你放弃百川会后悔的！

——同上，我也会选择百川，毕竟接受的东西不同，高中可不只是死读书，视野的开阔和内心的成长比成绩还重要。据我所知，百川的社团可是丰富多彩啊。

——同上，选百川，不只是因为社团，而是因为里面的学习氛围！那里聚集着一帮全市都比较优秀的孩子，你的孩子在这样的氛围中学习，耳濡目染，潜移默化中会被带动和感召，对他以后的成长会有很大的帮助。

家长们各抒己见，让我更加纠结。内心的天平一次次地倾斜又一次次地摆正，说真的，舍谁都舍不得，最好的就是百川给了我们实验班！问题是，这只能是个梦！

——楼主，没必要纠结。百川不能给你实验班，只能说明你孩子的程度只在他们学校的平行班，而文渊能给你实验班，说明你孩子的程度在他们学校达到了实验班的程度。这样一对比，你不是一目了然了嘛，还有什么好纠结的呢？再者，既然你的孩子只能在百川的平行班，那么你就要考虑自己孩子是否真的如你想得那么优秀，你把他丢进一个全是牛蛙的集体中，他真的能适应吗，会是努力奋起还是随波逐流？我想这些是楼主都应该要考虑的吧？能给的建议只有这些，楼主自己决定吧，毕竟是你的孩子，别人都做不了主。

这段话一针见血，分析得有点道理的文字让我再度陷入了思考。

是啊，我怎么没有往这一点去想呢？如果你的水平真的只有这些，那我把你扔进一个超出你水平的集体中，你会不会因为不适应，因为害怕，因为自卑而最终自暴自弃呢？会不会把你在初中好不容易积累起来的自信慢慢磨掉呢？

但是，人真正的成长不就应该要去接受这些吗？人的潜能不是应该不断被挖掘吗？所谓的自信不正是靠一开始的失败慢慢总结起来的吗？这个世界上不存在环境去适应人，只有人去适应环境，任何事情你不去尝试，又怎么知道自己的水平如何呢？

也许你在这样被压迫的环境中，才会不断地突破自己，因为你是个要面子的孩子，你绝不允许自己一直被别的孩子压在下面，所以我相信你会反击，会突破，会慢慢奋起！只是一个关键的问题需要我去考虑的，就是——你的承受能力和抗压能力到底有多大？

　　晚饭后，我坐在三楼阳台的椅子上给另一个闺蜜打电话。这是你自招考这段时间来，我首次给她打电话说这件事。给她打电话的原因，除了她是老师之外，还有一个更重要的原因就是她也是对百川情有独钟。

　　"亲爱的，小舢怎样？被百川录取了吗？"电话那头是闺蜜甜美的声音。

　　"算是吧，"我叹了一口气，有点颓靡地说道，"只是不是实验班。"

　　"哦……"她明显地也很失望，随后又安慰我，"能被百川录取已经非常优秀了，我们家女儿想都不敢想的。"

　　"唉，"我又叹了一口气，"其实没啥不敢想的，我那时候也和现在的你一样，感觉百川学校对于我们来说高不可攀，遥不可及，但是真的到了这一步，也就这样，没有一开始想得那么恐怖，再说你家女儿优秀，肯定行的。"我看着清冷的月色，说道。

　　"小舢是怎么进去的？自荐还是推优？"她突然问道。

　　"推优。"我简单地回应。

　　"那么厉害，这么好的学校都能拿到推优，实在是太棒了！"她夸张地在电话那端叫道，我知道那是她发自内心的赞美。

　　"自荐成绩不够，只能推优，如果没有推优，小舢根本就进不了百川。"我平静地说道。

"只要进了，管它是推优还是自荐。小舶又不是能力不够，他只是在考试那天没有发挥好而已。"她听出了我的情绪，安慰道。

"你说小舶要不要去百川？"我终于抛出了这个纠缠了我差不多一整天的问题。

"当然去啊，为什么不去？"她脱口而出，语气里充满了不理解。

"可百川不是实验班啊？"我提醒道。

"不是实验班怎么啦？你要知道这样的学校，即便是平行班也是很多人挤破脑袋想进去的啊！"她又夸张地叫道，估计她不能理解我怎么会滋生这样的念头。

"可是文渊说给小舶实验班。"我吐露了实情。

"文渊？文渊当然也不错，但是它毕竟是郊区的学校，和市区还是不能比的，再说了，文渊嘛，你家儿子裸考都能进，何必要推优呢？你把一个推优名额用在一所你随便怎么考都能进的学校，你不觉得是一种浪费吗？不觉得是对小舶成绩的一种嘲笑吗？"她噼里啪啦地说出了我一直没想到的东西。

初夏的风很舒服，一阵阵从打开的窗户里钻进来，撩起了我的衣裙我的头发。

我边捋着被吹乱的头发边自言自语道："浪费？"

"对啊，你想，现在一个推优名额多金贵啊，你以为阿猫阿狗都能拿到啊？对于学校来说，每一个推优名额都是经过深思熟虑的，都是经过精心选拔的，他们让孩子拿着推优名额是去竞争那些超过自己实力的学校的，并不是让你拿着它去给一所在你能力范围内的学校的，难道这点你都不懂吗？现在你好不容易拿到了这个推优名额，让多少家长羡慕嫉妒恨啊，多少不怀好意的家长希望你们拿着推优都进不来百川啊。而你倒好，进了百川，就因为人家不给你实验班，你就要放弃，你这是矫情！"她又是一阵噼里啪啦，我被她说得一愣一愣的，不得不承认，这些似乎我都没有考虑过，没想到今晚被她一眼看出，直接轰炸。

"矫情？"我低声反问。

"你不是矫情是什么？是聪明的决定，还是你发扬美德把坑让出来给别人？我想如果你不是母亲，你可能会；但是今天你是母亲，你就不会。你很清楚，如果小舳这次放弃，那么排在他后面的孩子就会被录取，就被这个孩子占了便宜，到时人家还要卖关子，说自己是因为有多么优秀才被百川录取的，绝不会说是因为你的退出才成全了他们。"她继续发表着长篇大论。

"再说平行班怎么了？就百川而言，它的平行班都比很多学校的实验班好，这点你应该比我还清楚吧。实验班进不了，我们就不进呗，我们在平行班里也能做牛蛙，也能出类拔萃，谁说只有实验班的孩子才有出息啦？照你这样的想法，那些没有进到实验班的家长都应该放弃百川咯？"随后，她轻轻叹了一口气，语重心长地说道，"亲爱的，你千万不要因为被某些外在的东西所迷惑而忘记了初衷，最终选择将就。"

"其实很多时候择校就像是谈恋爱，你一定要清楚你想要什么样的对象，不要因为自己想要的这个对象对自己稍微冷漠一点，就觉得他不在乎你不重视你，然后投入另一个你并不是特别喜欢的对象怀里。到时，你的内心真的会有疙瘩的。"她又说道。

"嗯，我知道，我只是担心小舳去了百川，受到打击。"我低声说道。面对她的这一连串的分析，说真的，早就让我五体投地了，只是我还是想找点别的东西来支撑我选择文渊的可能性。

"打击肯定是有的，但是现在的孩子哪个没有打击啊？哪所学校不存在打击啊，有竞争必然会有打击，你以为你选择了文渊就没有打击吗？即便小舳真的进了文渊做学霸，也会有打击的，因为他不是全才，他一定会有他的短板，不是吗？这些短板不会因为他是学霸就会消失，还是会存在的，还是会成为他被打击的诱因。"她直接否定了我的想法，连一点余地都不给。

我突然发现我身上的衣服被风给偷走了……

"亲爱的，我可能说话比较直接，你不要生气。"可能她感觉到了我的尴尬，换了语气说道。

"哦，怎么会，我觉得你是一语惊醒梦中人，我只是在思考你说的话而已。"我急急地解释道。

"如果你问我的建议，我肯定选择百川，但是这毕竟关系到小舳的未来，毕竟是小舳的事情对哇，我也不好强行要求。不过你作为小舳的妈妈，你一定要考虑清楚，这可不是小事情啊……"挂电话前，她又一次提醒我。

二楼你的房间，你正翘着屁股，半跪在椅子上，身子扑在书桌上写作业。白炽灯下，你穿着藏青色校服的身子尤为显得瘦弱娇小。

"小舳，"我靠近你，轻声唤道，"你还有多少作业？"

"唔，很多。"你头也不抬地回应。

"妈咪有件事想和你谈谈，可以吗？"我小声地征求道。

你从作业堆里抬起了头，不解地问道："什么事？"

我坐在你的床沿上，对你笑了笑，拍了拍我身边的位置，用眼神示意你坐过来。

"干吗啦，我还有很多作业，就这样说吧。"你眉头蹙了一下，不耐烦地拒绝道。

"哎呀，妈咪想让你在我身边嘛，"我嘟着嘴巴撒着娇，随后又补充道，"就浪费你几分钟时间，五分钟好不好？就五分钟！"

你翻了翻眼皮，放下手中的笔，很不情愿地站在了我面前。

我又拍了拍床沿，示意你坐下。

你脚一跺，嘴巴一翘，很不耐烦地在离我远点的地方坐了下来。我没有介意你的这个小情绪滋生的这种有点伤我的小行为。

"小舳，你想好了吗？到底去百川还是去文渊？"既然时间紧迫，我就直奔主题。

"咦？"你转头看着我，挑起了半边眉毛，冷冷地说道，"难道我前天告诉你的你忘记了？"紧接着嘲讽道，"天哪，难道你的记忆力已经衰退到鱼的记忆！只有七秒？"

我没想到你会这样回应我，脑子一短路，失语了，只能眼睛巴眨巴眨地盯着你。

"如果真的是这样，老妈我有个建议，"你突然站了起来，面对我弯下了背，双手握住了我的双肩，很认真地说道，"这个问题你就不要再问了，因为我每次回答，你都会忘记，所以我为了让你不再忘记，我决定……"你突然松开了我的肩膀，站直身体，眼睛直视着我，很严肃地说道，"我决定肩负起这个任务，在填志愿前的前七秒，我会大声说出我的选择，然后你就不会忘记了。"说完，嘴角一咧，全然不顾我一脸茫然，径直走向了书桌。

"喂！"发现被你耍了一通的我气急，猛地站起来，对着你的背影大叫。

只是未等我把后面的话说出来，你突然转过身子，笑着对我说道："哦，我忘了，应该要提前一秒，六秒应该是刚刚好，那么，老妈，我们就这么愉快地决定了……"说完，你立马转过身子，左手对着我挥了挥，示意我可以出去了，你要做作业了。

我气得想骂人，却不知骂你什么，因为你似乎没有错，你只是没有回答我的问题而已，而回不回答我的问题本来就是你的权利，你有不回答的权利。所以我只能把所有的愤怒发泄到地板上。

"咚，咚，咚……"我把地板蹬得发出痛苦的号叫，临出门，门也没有逃过我的情绪，"砰"地一声被我狠狠甩了一下。

4　争辩——我能预见我未来高中的三年

时间越来越瘦，我越来越迷茫。过几天就是网上填报志愿的日子了，而我到现在还不知道第一志愿填写什么。哦，不，应该是我还不知道你的第一志愿想填什么。也不对，正确的应该是我们还未达成一致的决定。

我还是忍不住，忍不住在每天送你上学的路上和接你放学的路上问你一个相同的问题。

——小舢，百川和文渊你到底选哪一个？

你从一开始还会思考一下回复我，到后来脱口而出，再到现在的闭口不说。你烦了，其实我也烦了，但是我还是不厌其烦地要问。也许我一直在等你回答我心目中的那个答案吧。

"小舢，大后天就要填志愿了，你想好了吗？到底选哪一所？"今天你一上车，我又问道。

你刚打开我给你买的肯德基袋子，听到我的问话，直接把袋子往座位上一扔，反问道："你每天问我同样的选择题，你觉得有意思吗？你不累吗？你不累我还嫌累呢！"

你不止行为不友善，连语气也很不友善。你的不友善同样激怒了我压抑了好几天的情绪，看来一场暴风雨在等着我们。

"我问的是选择题，你只要回答百川或文渊就好，哪有那么多废话！"我也很不客气地反驳。

"百川。"你冷冷回应。

你的回答让我一惊，立马从后视镜捕捉你的脸，想知道是真是假。你冷冷地直视着我，不躲不闪。

"你确定吗？你确定选择百川？"我追问。

这可是从我问你这个问题开始，你第一次不同的答案，在我怀疑的同时，我又不得不承认这个答案让我很兴奋。

"这不是你想要的答案吗？"你冷冷地回应。

"我要的是你的答案，你回答我的答案干吗！"我怒吼。

"因为我的答案你不满意，为了让你满意我只能回答你的答案！"你竟然很平静地回应，随后再次从后面探过身子，拿起刚刚摔在座位上的肯德基，开始吃了起来。

我双手紧握着方向盘，手臂青筋暴露，用力压制心头那强烈的失望和被耍弄的怒火。

"我真的搞不懂，文渊有什么好？你为何非要选择文渊！"我假装平静地问道，其实鬼知道我这平静的语气后面是不是将要爆发的火山。

"你让我选择，我就选文渊，至于它好不好和你没有关系，就像百川好不好和我也没有关系一样！"你嘴里含着鸡块，口齿不清，语气却依然针锋相对。

"那我就不让你选择了，反正填写志愿时你在上课！"看你一副赖皮的样子，我冷冷地说道。

"你敢！"你大叫。

"你看我敢不敢！"我反击。

"好，那我就不去上学，这总没问题了吧！"你冷冷地说道。

"你敢！"我怒吼，没想到你竟然敢威胁我，简直吃了熊心豹子胆了。

你从鼻子里冷哼了一下，不屑地说道："不信你试试？"

我无法反驳。即便我真的不信你有这个胆量，我也不敢去尝试！毕竟书是你在读，如果你是带着情绪去读的话，那么我逼着你去百川还有什么意义！再说到时你要寄宿，那些你不在我身边的日子，你会做些什么，会发生些什么，我都不知道！我怎么敢拿你的未来做赌注！

我输了，很狼狈地输了！但是我又不想直接认输，我换了另一种方式和你谈判。

"好，让我尊重你的选择也可以，但是你必须说出让我愿意妥协的理由。"我平复了心情，用正常的语气说道。

"理由说过了，你不接受。"你含糊地回应，看来嘴里又塞了鸡块。

我从后视镜瞄了你一眼，说道："那些理由不充分，而且很虚，而且还是关于以后的，未知的东西向来没有定数，所以我要你告诉我可以看到的，我能预料的东西。"

不知是因为你在吃东西还是在思考，过了好几分钟，你才怯怯地说道："人家都是学霸，我进去就是当学渣的。"

我的火山终于冲破所有的平静，瞬间爆发了。

"你凭什么说别人是学霸，你凭什么说自己是学渣？你又凭什么觉得自己就不能成为学霸？"我用机关枪一样的语速夹着子弹一样的力度大吼道。

"你都没有进去，都还没有开始，你就这样退缩了？你就这样给自己贴上学渣的标签了？你都还没有去尝试，没有去努力，你就认为自己不能成为学霸？你就认为自己永远是学渣了？"我的情绪有点失控，继续大吼。

是的，我可以接受你的失败，但我不能接受你还未去尝试就开始向未知投降！你怎么可以对自己这么没有自信！

"那是你一直认为我可以，那是你觉得我可以做学霸，那是你把我看得很坚强！你只是嘴上说，又不是你去做，你当然认为什么都很简单！"

你扯着嗓门也大吼。

你的这番话伤到了我，我听到内心传来清晰的清脆的破裂声。面对你的出言不逊，我真的无力反击，只能保持沉默。

空气暂时凝固了，所有的情绪也似乎被凝固了。

良久，你叹了一口气，随后轻声问道："老妈，你知道木桶原理吗？"

我不吱声，但是竖起了耳朵，我不知道什么是"木桶原理"，所以很想听听你所谓的"木桶原理"。

"有一只木桶，它是由长的木板和短的木板组成的，它每一次装水的时候，只能装到短的板子那里，不能再多装了，不然就会溢出来，所以一个人的能力多少是由他的短板决定的。"你突然停顿了，似乎在等待我的回应，我知道你肯定还没有说完。

"你继续说，我听着……"我回应了你一下。

"当然这只木桶也可以装多一点水，那就是把身子往长木板的方向倾斜，这样就能装比一开始多的水，所以如果忽视自己的短板，你长板的能力就需要增加。如果你把木桶所有的短板都换成长板，你会发现自己可以装更多的水，所以你的能力也是可以由长板决定的。"

你不吱声了。

"说完了？"我从后视镜瞄了你一眼，你点点头。

"换我说了吧，"我舔了舔干涩的嘴唇，咬了咬下唇，很平静地说道，"第一只木桶，代表现状，每个人都会有很多短板，但不会去在意，只要可以装水就好，至于装多少无所谓；第二只木桶，代表捷径，每个人都想成功，都想走捷径，所以努力掩藏自己的短板发挥自己的长板，这样给外人的感觉就是你的能力很不错，但是你总不能一直倾斜着吧？你能倾斜一段时间，但不能一辈子吧？不然你得多累啊？但是你不敢站直，不敢站正啊，因为一站直，你的能力就会从你的短板处流出去，你等于又回到了之前；第三只木桶，代表突破，你想让自己的能力越来越强，想要把所有的短板隐藏起来，让别人看不到，这也可以，那就是你把你的长板发挥到极致，也就是所谓的巅峰，当你在某一个领域中达到巅峰，那么你的短板是什么真的已经不重要了，因为你已经在不断突破长板的同时也慢慢突破了你的短板。"说完，我又从后视镜看了你一眼，补充道，"这就是我对你的木桶原理的理解，你自己想想，你要做哪一只木桶？"

换作你沉默了，而且你这次沉默了很久，我以为你被我的这番辨析震住了，开始思考了，殊不知一场更大的暴风雨正等着我。

"你为什么不考虑我的感受！你凭什么就觉得我可以？你为什么一而再、再而三地抢夺我的选择权！"你突然大声质问我。

我终于反应过来，原来你压根就没有听进去我的话，你对我的怨怼已经到了极限。

"难道你不知道，校园开放日就已经说明我根本就不是人家大牛蛙的对手，我面对那么多的牛蛙，我给自己再多的勇气和自信也是浮云！你有想过我在这些大牛蛙里被挤兑的感受吗？"你又一次撕叮了嗓子。

车窗外，风卷着尘土和树叶肆虐着天空，一场暴风雨即将来临。好在窗外的狂风，盖住了车内的硝烟。

"校园开放日也就一次测试而已，能说明什么？你怎么就觉得自己比不过人家了？你怎么就认为你的基础比人家差了？人家是牛蛙，你就是青蛙吗？人家是学霸，你就不能也成为学霸吗？高中大家都是从零开始，公平竞争，你怎么就觉得自己学不过人家呢？"我低吼着，内心火烧火燎，整个人都快气炸了，你竟然还在不断地找寻理由。

"是，我也不想给自己贴标签，我也觉得自己是牛蛙，我也自信自己可以战胜别人，但是百川给我的是平行班！是平行班！"你再次失控地大叫，我竟然听出了一种委屈。

"平行班怎么了？平行班就不是牛蛙吗？"我反问。

"你觉得在平行班的我拿什么和人家实验班的孩子比拼？课程的进度不同，老师的配置不同，你觉得我有什么勇气告诉别人我可以战胜那些学霸？本来人家市区的孩子学得就比我们郊区的多，接受的知识面也广，如今人家站的平台就比我高，你觉得我又有什么自信告诉自己我可以！"你撕心裂肺地叫道。

你的话掷地有声，同样把我的内心震惊了，我没有想到你会想得这么多，但是我还是不想妥协。

"你不要再为自己找借口！"我怒斥。

"你难道到现在还认为我是在找借口吗？你难道没有发现这是一个事实吗？也许你会说我可以通过中考和分班考进实验班，但是老妈，你有没有计算过这个概率，你就这么认定你的儿子能这么幸运就考进去？当然如果我考进去了，那是好事，我也不怕和那些学霸比拼，同样的平台，同样的学习待遇，我可以让自己自信。但是，你有没有想过万一我没有考进实验班呢？"你的情绪似乎平静了很多，声音不再爆裂，但是言语中依然透着尖锐。

面对你的问题，我竟然再次无言以对。

"如果我考不进实验班，那我必须付出不知比别人多多少倍的努力才能让自己成为平行班里的学霸，然后等待机会被选入实验班。我可以在学校的课堂上努力，我可以通过课外补习来增加知识量，我甚至愿意把周末的时间都花在补习上，但是可怕的是，当你付出了时间和精力，才发现人家也付出了同等的时间和精力；当你发现自己走的时候，人家已经开始在慢跑了；当你开始想要慢跑的时候，人家已经开始快跑了；当你想要快跑的时候，人家已经在冲刺了；当你准备冲刺的时候，人家已经到达了终点……我能预见到，如果我选择了百川，这就是我未来高中三年的状况。"你相当冷静地说道。

我绝对惊讶于你如此清晰的逻辑思维，但我还是不能接受。

"那是你的想象，并不一定是这样。"我也平息了自己的怒气，平静地说道。

你没有反驳我，而是突然从后座起身，弓着背弯着腰朝驾驶座方向凑过来，低声问道："老妈，你希望我考上什么样的大学？"

咦，你突然把话题扯到大学上，让我很意外。我转过头看了你一眼，你咧着嘴对我笑，似乎根本就没有经历过刚刚那场硝烟四起的战争。

"清华？北大？复旦？"看我不吱声，你直接报出了平时我一直挂在嘴边的几所大学。

"如果是这些名校的话，那么我在文渊也能考上！并不是只有在百川才能考上！"你继续你的话题，"我想过，我只要在文渊能保持年级前十名，那么我就有机会考上你所期望的大学。我想只要我努力一点，再认真一点，在文渊保持在年级前面应该没什么大问题，关键是在文渊，我可以踩在很多同学的肩膀上看到更高的地方，得到我想要的很多机会，但是……"你停顿了，脸蛋凑过来，看了我一眼。

"但是什么……"我追问。现在我开始好奇你的思维了，我不知道你怎么可以在这么短的时间内产生这么成熟的思想？

"但是在百川就不一样了。我想象过，在百川，我想进入年级前 50 名根本不可能，进入年级前 80 名，我想可能性也不大，那么就算我很努力地进入年级前 100 名吧，看着眼前这黑压压的一片人头，我有什么本事可以把这些人头都消灭，踩在他们的肩膀上看到更高的地方，得到更多的机会？那基本是不可能的，我想我除了埋头拼命往前冲，别无选择，即便这么埋头努力也不一定能冲得过别人，这才是最大的悲哀……"你叹了一口气，接着说道，"如果结局都是一样的，那么我为何要选择去让我累死的百川，而不选择让我累得只到半死的文渊呢？"

"妈咪，你说对不对？结局都是为考一流大学，这两所学校都可以达成我的愿望，在文渊我可能不会很累就能保持在前头，而且还有余力做一些自己喜欢的事情，比如写我的小说，比如打打篮球让自己长高，比如多参加一些竞赛活动。在百川，我只能不停地学习，因为只有不停地学习，我才能保证保持在年级前 100 名，如果保证不了这个名次，我就和一流的大学失之交臂了。那么我还有什么时间来做自己喜欢的事情，有什么时间来锻炼身体呢？最关键的是，我已经在身高上比别人矮了，如果成绩和其他再比不上人家，你觉得我还有什么东西能支撑我的自信呢？一个人的自信就是一个人对自己的信仰，信仰都没有了，还谈什么价值和生命！"

你这一系列的缜密逻辑，让我不得不叹服。而且你不止是逻辑性强，还会抓住我的痛点。你知道我最不能接受的就是你的胆小和内敛，我希望你能在高中多锻炼自己，慢慢突破这个短板。其实最关键的是，你提到了所谓的身高和生命，你看似平静的言语，看似是一通对自己的剖析，实则里面还有对我的威胁！只是你比我高明，不像我对你的威胁都是明目张胆的，而你是不动声色，却把我牢牢地困住。

虽然我内心开始动摇，那杆秤开始明显地向文渊倾斜，但是我不能就这样被你征服，不能让你觉得从一开始我就是错的。关键是，我还是无法彻底解开对百川的这个情结。

"如果我来选择，我还是想让你进百川。"我不容置疑地表态道。

听到这句话，你整个身子往后退的同时，丢下了一句话："你如果能让百川给我实验班，我就选择去百川。"

我一惊，你的手段太高明了，知道我的软肋是什么，一次又一次准确无误地扣住我的软肋。

孩子，你真的长大了，而且我发现通过这次自招，你似乎成长得非常快。我猜那段我临近崩溃的日子里，你一定思考了很多很多，只是没有告诉我而已……

5 定局——适合自己的才是最好的

今天是母亲节，对于我来说，不重要。重要的是，明天早上九点，就开始网上填报志愿，这个志愿将决定你最后的去向。

中午接你放学，你就兴致勃勃地对我说："妈咪，今天我请你吃饭吧，如何？"

哦？意外之余是满满的幸福。我看着你渐渐长开的脸蛋，还有始终干净的眼睛，露出了欣慰的笑容，"好啊，我想吃鱼，哦，我想吃完鱼再吃冰激凌，最好再看一场电影，听说最近新出了一部电影……"说完，我都被自己的贪得无厌给吓到了，我是有多幸福，才会像个热恋的女孩一样需求这么多。

"好，没问题，都满足你……"你竟然一口答应，那语气就像是宠一个小孩一样。

我瞬间觉得不好意思，不过还不忘调侃你，"你带的钱够吗？别到时付不出钱来，会丢脸的……"

你对着我咧嘴一笑，两个深深的酒窝从脸上跑了出来。

"当然，作为一个男人，请一个女人吃饭，怎么可能不带足钱呢？难不成还让女人来埋单？"你下巴一扬，煞有介事地说道。

之前种在我心田的花在这一瞬间都盛开了，朵朵娇艳。本来你父亲这周出差不回来，我就有点小失落，因为我想听听他对你择校的看法。不过如今有你，我觉得他回不回来不重要了。

"有个儿子就是棒，那感觉太那个啥了……"我边朝着地中海开去，边由衷地夸赞道，脸上的幸福是怎么也藏不住的。

我无须从后视镜偷看你，更无须回头，我都能感觉到坐在后座的你嘴角上扬，一脸灿烂。

幸福来得突然，我发现愁绪也会来得突然，只要微微从你的脑海中探出一点头，就会像藤蔓一样蔓延。

是的，那道始终没有统一答案的选择题就这样跑了出来，以至于我不得不打破这好不容易制造出来的温馨和谐，又把问题抛给了正哼着歌的你。

你的歌声就在我开口问这个问题时戛然而止。

我突然意识到自己的错误，怎么可以如此不解风情？整个初三我们都在和时间赛跑，根本就不可能像今天这样，娘俩可以这样开心，这样放松地一起吃饭看电影，而我竟然傻不拉几地破坏了这个难得的气氛。

但是我似乎不打算承认自己的错误，因为在我明明意识到自己错了的时候，却没有岔开话题，更没有和你道歉。是的，潜意识里，我还是想改变你的选择。

"妈咪，"你突然叫我，随后征询道，"这个问题我可以明天回答你吗？"

我没想到你会是这样的回应，本能地反问："为什么？"

"没有为什么，我就想明天再回答你，可以吗？"你再次请求道。

"明天就要填写了。"不明就里的我语气里有点不耐烦了。你这种欲说还休本来就是我不喜欢的。

"明天上学前我就告诉你，不会影响你填写志愿的……"你依然低声说道，说完，还把头凑过来对我笑了一下。

我停好车，狐疑地看了你一眼，然后说道："小舳，没事的，你只要告诉妈咪你想去哪所学校，我都不会生气的，我保证。"说完，特地举起了手作了个发誓状。

"可是我真的想明天再告诉你……"你低下头又一次说道，随后不等我说话，就自顾自地下了车。

今天你的反应好奇怪啊，要知道这个选择题可是火药桶，只要谈及，你必定会点燃，随后就是噼噼啪啪地乱炸一地，可是今天的你，这么低声下气，真的太反常了，难道这又是你用的别的什么计？

我心里猜测着下了车，看着你站在不远处的电梯口等我，我滋生了一个念头——等一下吃饭的时候再和你聊聊这个话题。在大庭广众之下，向来注重形象的你肯定不会发火，然后我再循循善诱，也许你就妥协了呢？弄不好还会和我内心达成一致的目标。

想到这，我嘴角漾起了笑容，似乎听到了你亲口对我说出来的那个让我满意的答案。

"儿子，你请你老妈吃什么啊？"一个男中音突然闯进我的耳朵。

我回头一看，身后走着一家三口，那个爸爸正在问他的儿子。

"算啦，他只要不惹我伤心难过就好了，至于吃啥都无所谓……"那个妈妈嗔怪道，但言语中藏不住的喜悦。

我突然如梦初醒！

"小舳，"我边叫你边朝你快步走去，在和你并肩的时候，我凑近你的耳朵，低声说道："小舢，妈咪决定了，我们填文渊。"

说完，我顾不上你错愕的神情，立马走到了你前面，我担心一不小心就被你看到我已盈眶的泪眼。

是的，孩子，我最亲爱的小孩，我终于明白你刚刚为何这般强烈要求明天再回答我的问题，因为今天是母亲节，你不想让我伤心难过……

当我终于懂得了这点，我突然觉得那个答案已经不重要了。是的，不重要了！我当下就决定再也不会让你做这道选择题，再也不剥夺属于你的选择权。

那天你请我吃了我最爱的酸菜鱼，看了一场我们期待已久的《速度与激情8》，看完电影你不忘买一个DQ的冰激凌给我吃。

自始至终我们都没有谈及那个关于填志愿的话题，而你也没有问我为何突然改变了想法，而且是在这么短的时间内。我想这个答案你一定早就知道了。

周一早上八点。

我刚进办公室就接到电话，屏幕显示是百川的电话。

"您好，老师。"我接了起来，我不知道为何一大早百川就给我打电话，难道说他们真的反悔了？不过没关系，我们已经有了最好的选择。

"小舢家长是吗？等一下填写志愿千万别忘了第一志愿填写我们百川。"一个男中音在电话那端叮嘱道。我知道是那天接待我的张老师。

"谢谢老师，"我迟疑了一下后说道，"我们可能不选择贵校了，实在很抱歉。"

那头沉默了。可能老师无法想象一周前那个为了让孩子进百川而勇敢地闯进他办公室的妈妈会说出这样的话。

"是因为不是实验班吗？"张老师试探地问道。

"也不全是，而是我尊重了孩子的选择，选择了他觉得最适合自己的学校。"我没有任何隐瞒。我觉得没有必要去对一个关心你孩子给你孩子机会的老师隐瞒。

"嗯，虽然觉得很可惜，但我还是祝贺他，适合自己的才是最好的！"

"谢谢！"

当手表的时针指向了九点时，我从容地打开了填报志愿的网站，然后在第一志愿的空格里，很隆重地填上了文渊学校的代码，随后提交关闭，然后再也没有之前那样反复打开。因为我不想让自己再变卦，我不能让我的小孩失望伤心难过！

对啊，我的孩子都懂得在母亲节保护我的心情，不想让我失望伤心难过，那么作为母亲，我更不应该让我的孩子失望伤心难过，这就是我那天迅速做出决定的直接原因。

最近你明显地很开心，上下学开始不停地念叨学校里的事情，说那些被预录的同学都变得不想学习了，明显放松了；说老师为此气得人憔悴，天天在教室里苦口婆心地讲大道理；说老师还是布置很多作业，但是很多学生已经完全不会做作业了；说你终于开始执行你数学组长的职权了，可惜每天收不到几本作业本……你一路叽叽喳喳，我都开始嫌弃你的唠叨了。

——小舳，即便你被预录了，但也要认真面对这次中考，一是给班级和学校争脸；二是给自己的初中生涯画上一个圆满精彩的句号；三是证明自己的实力。

这句话我在你三模和四模都考砸的时候不止一次地说，每每你听后的反应就是下巴傲娇地一抬，然后眉毛一挑，抛了很复杂的眼神给我，一般我都把这个眼神当做是媚眼。

当然，很多人对于我会选择文渊表示非常不理解，甚至有人直接说你是因为没有拿到百川的承诺才会放弃百川的。对于这些传言和恶意的谣言，你始终保持微笑，从不反驳和解释，一副云淡风轻的样子，似乎他们说的和你没有任何关系。

而我却时不时觉得有点胸闷，有点懊恼，甚至怀疑自己的选择，直至那天打扫你房间，从你的床头柜里翻出一本笔记本，看到你写的一篇很长的文章后，我才彻底释然。我终于可以轻松地告诉自己——我的选择没有错！

雨还在下着，完全没有要停的意思。

我背着白色的双肩包，弯着腰蹿进了大堂。现在已经是晚上七点多，我开始担心明天的体育课能不能上。

三个电梯按钮依次按过之后，第一个电梯门突然就开了。我赶忙从第三个电梯那儿跑到第一个电梯，结果电梯门就这么在我身体的三分之二进入电梯时无情地关上了，我的腿被夹了一下。虽然并不怎么疼，但仍觉得有点吃亏。

我心中咒骂了一下这破电梯，甚至想给它一脚。但我没有这么做——因为我要迟到了。

背着书包匆匆赶到教室门口，发觉老师居然拖课了，上一节课学生还没有走。只好在门口等着。

这一间间像胶囊一样的小教室，只有一个学生，一个老师。

不一会儿，一个化了妆的挺漂亮的女孩出来了。我的目光在她身上停留了二点五秒就收了回来。呵，化妆技术真高超啊！

上课时，老师不经意间提到，我们的注意力永远只能集中在一件事物上，比如说边做作业边听音乐，你觉得好像没什么影响，但其实是你的注意力在作业和音乐上来回快速切换。我觉得老师说得还挺有道理。她又补充说，其实我初中的时候就是边写作业边听音乐的，到高中就不行了。说完，她就笑了。

我原本想说，我现在就是这样的，但想了想还是没有说出口。

有些话，当时没说出口，就再没有机会说了。但如果不怎么后悔，那也无所谓。

两个小时在时针上一溜烟就过去了。老师还拖了15分钟。不过我不在乎，因为这是最后一节课，也许以后再也见不着了。

我们先说了一个"再见"，又说了一个"拜拜"，我就背上我的白色双肩包消失在了走廊转角。然后走到电梯那儿，我突然想起了件事儿。老师原本让我在纸上写点留言，贴在她那面已满是留言纸的墙上。这是上星期的事，过去一星期，今天才想起来。我这么腼腆的一个小男生总不能回去恬不知耻地要求老师把我的留言贴在她那面墙上吧，况且我也没有想好要写什么……

进了那该死的电梯，我肆无忌惮地打了个哈欠。快十点了，电梯下降得非常缓慢，让我遐想自己会不会被困在电梯里。然后，我就手贱地想去按那个黄色的报警钮。好在电梯"叮"的一声把我拉回了现实，我掩藏了对电梯的恐惧症，装作若无其事地出了电梯，一路走出大堂。

雨好像小了一点的样子，让我对明天的体育课有了一点希望。

在车上，我把上课的确认单折成了纸飞机，飞出窗外。纸飞机迅速被风吹得往后飞去。我感觉良好，就好像刚毕业的大学生在新年放鞭炮时扬言要放飞理想一样。

回到家，我卸下白色书包，钻进房间就滑开了我可爱的小手机。

我翻了下QQ上班级群的记录，看到大家都在讨论自主招生的问题，我不由得把弦绷紧了。说实话，我认为以自己的成绩进我理想的高中应该是绰绰有余，甚至提前预录都不在话下。可是越临近考试越焦虑——马上要二模了。对于这决定性的一次考试，大家都很紧张，我也一样。不然，以我懒惰的个性，怎么会答应大晚上的去补课呢？

又瞄了一眼QQ动态，都是一些搞笑和无厘头，甚至是秀恩爱，向来喜欢看搞笑的我，突然心生厌恶，眉头一蹙，就把页面关闭了。也许是最近忙着学习，对自己的未来开始有了思考，有了思考就有了烦恼，这些烦恼有时候会形成一种无形的压力和恐惧——人对未知的东西总是会充满恐惧，特别是当未知越来越靠近时。

关了手机一抬头，已经将近十一点了。我突然觉得自己这一个小时就这么虚度了，所以即使眼皮在打架，我也坚持看书看到凌晨，睡觉前朦朦胧胧地祈祷我二模发挥逆天。

第二天起床之后的第一件事，就是拉开窗帘向外看。天气还算晴朗，太阳微微探出了头，已经不再下雨了，地上也基本干了，没什么积水。想到今天体育课有着落了，心情就格外舒畅。

但是，但是——

开始下雨的时候，我还在认真地听老师上课，沉浸在 ABCD 中，对周围的一切全然不知，直到我左边的同学小声告诉我外面下雨了，我才意识到事态的严重。雨真的是润物细无声啊，更是无形——我眯着眼睛盯着窗户看了半天，才发现好像还真下雨了，窗户上流满了眼泪，像极了我内心的眼泪。

苍天啊！我内心要崩溃了。

当数学老师屁颠屁颠地进来上"体育课"时，我甚至怀疑她是不是向天空投射了干冰大炮，不然阳光明媚的天空怎么可能突然飘起了雨？

我气馁地瘫在小得不能让我的屁股完全着落的椅子上，决心发呆一节数学课来抚慰我受伤的小心灵。

二模考将近，大家一起上体育课的次数就少了。我整夜整夜与台灯、作业、笔和课本为伴，就这样一天一天过去了。我不知道其他人怎么样，但我在焦虑中感受自己的情绪，伪装自己的情绪，努力奋起。教室里依然是一副其乐融融的样子，似乎看不到一丝紧张的气氛；似乎二模只是一次平常的考试；似乎这次考试并不那么重要。但我还是能感受到磁场里有着焦虑紧张和害怕。

当二模考的日子可以扳着手指数出来时，我愈发焦虑，晚上写作业连音乐都不听了。我要认真啊，我要努力呀！于是，我每晚每晚挑灯奋战。

班级 QQ 群里大家聊学习了，QQ 动态里正能量的励志语言也取代了平时的搞笑和无厘头。这样挺好，大家都在学习，氛围很重要。

随后，我就关了手机，它就这么保持一种姿势待在我的抽屉里，直至二模考之后。

功夫不负有心人！

经过我几天的刻苦，终于在二模收到了成效。记得在考试的第一天，拿到试卷的那一瞬间，我感觉四周萦绕着一股学霸的气息，宛如一条游龙，在我身边绕啊绕，绕啊绕……

事实证明，我的感觉并不全是真的。那条龙就这么绕啊绕的，把我的理化分数都给绕没了——有史以来考得最差。所幸数学和英语没有被绕走。靠数学 150 分的满分成绩，和英语班级男生第一，我的排名蹭蹭蹭地往上蹿。虽然和一模的总分是一样的，但是在年级和区里的排名却上升了很多。我还算满意，毕竟也算进步了。

　　后来因为二模的成绩，也就拿到了推优的名额，随后被我妈咪所心仪的百川学校提前预录了。我终于看到她愁眉不展的脸舒展开了，但是怎么舒展还是有好多的细纹，这不是岁月的问题，是她心态的问题。

　　我是一个听妈咪话的孩子，从一开始的校园开放日，我都为了满足她，考虑她的感受，违背自己意愿去了她喜欢的学校。因为我是那么不喜欢听到她那一声长一声短的叹息，还有对我欲说还休的样子。但是，真的当尘埃快要落定时，我突然不想再在乎她的感受，我要把自己内心最想要去的学校告诉她，必须要！

　　只是还未等我开口说，班级里就开始轰轰烈烈地传开了——我被百川学校录取了。随后就被很多羡慕嫉妒的目光给包围了，没有人知道我内心的悲凉，眼睁睁地看着要放弃自己最喜欢的学校。面对老师和同学一声声的称赞，或者说是调侃，我选择了缄口不语。也许沉默是我最好的处理方式，也许现在的沉默是为了最后的有力反击。

　　终于，我再也不想隐藏自己的情绪和想法了，在妈咪一次又一次地问我选择哪所学校时，不安又坚定地说出了自己内心深处的话——我不想去百川，我只想去文渊！

　　我看到了妈咪惊诧的眼神，还有张大的嘴巴，她也许无法忍受我就这么轻易地放弃了很多孩子都向往的好学校。更不能接受的是，她的虚荣心得不到满足。嘿，我知道每个家长都有虚荣心，我的妈咪是个要强的女人，所以虚荣心这种东西在她这里更容易发酵。

良久，她的脸拉了下来，平静地问我为什么。

我知道她用力在克制自己的情绪，也许在克制想打我的冲动，但我不管，男子汉总是要为自己的选择付出勇气。

因为我喜欢文渊，不喜欢百川，其余的就不要问我了。我长大了，请尊重我的选择，我也不想为了满足你的虚荣心而失去了自我！

掷地有声吧！当时我妈咪的脸就像川剧里的变脸，一阵红一阵白一阵黑……我想笑，但还是忍住了，毕竟我伤了她的心。

随后想到过两天就是母亲节，我还是很真心地和她说了一些祝福的话，想表达我的歉意，想让她心头舒缓一点。

但从这几天她对我爱理不理的态度中不难看出，她对我的选择很生气；我真的伤了她的心！我狠心打碎了她对我未来的所有期望！

我很想弥补，母亲节是最好的弥补机会。但是作为一个十六岁的青少年，一个充满阳光之气的男孩纸，我实在不想矫情地对妈咪甜言蜜语，或是给她一个长达半分钟的拥抱。简单地说，这种肉麻的行为，我拒绝！

好在母亲节的当天晚上，同学的妈妈送了我一朵包装温馨的小花，我转手就赠给了妈咪，以表达我的诚意和心意。

妈咪这次没有再虎着脸，而是配合地装出开心欣喜的样子。我猜这绝对不是我一朵花的效果，也许她自己也想通了，不再纠缠于失落中了，也许她原谅我了，毕竟我是她唯一的孩子。

第二天，就是填报志愿，我发现她对我的态度阴转晴了，我能肯定她一定在第一志愿上填写了我要去的学校，一想到这，我发现自己的日子过得屁颠屁颠的，很是舒服，如愿以偿。

志愿刚填完，学校里又开始疯传关于我选择学校一事，很多人除了惋惜之外，更多的还是羡慕和嫉妒，毕竟我想要去的文渊学校，也是很多同学梦寐以求的学校，更何况是实验班。在同学的热议和复杂的眼神中，我决定做一件让自己都觉得过分的事情——推翻之前所有的学习状态。在一本正经地浪了一个月后，我终于把前几天的三模给彻底考砸了。当我拿到那惨不忍睹的考卷之后，明显感觉那炽热的目光在慢慢消失，我的内心偷偷地舒了一口气，甚至滋生了一种助人为乐的自豪感。

不出意外，也在我的意料之中，我被妈咪狠狠地骂了一通。但我始终没有回嘴，我就是想让她知道——你儿子就这点能力，那所名校真的不适合你儿子，你要为你儿子明智的选择感到开心！

但妈咪是不会意会到我这么有深度的含义的。她让我面壁思过，让我好好反省，不要因为已经被预录取了就沾沾自喜，就开始翘尾巴。她说，你对学习什么态度，学习就回你什么态度，这是相互的。最后，依然还是念叨了两周的那句话——即便我们预录了，但中考的时候还是要考得一鸣惊人，把你的潜力发挥得更好。显然我是不认同她的话，不过没关系，现在我已如愿以偿地进入我想进的学校，其余的都不重要，只要她开心就好。

黑板上的日期不断更新，从原先"距离中考103天"到现在"距离中考29天"，我猛然发现时间真的是个哑巴，它从来不会和你告别，却始终在你身边流逝。但不知为何，我竟然感觉不到紧张，我觉得别的同学也是，不急不躁，淡定自若。难道我的同学们都学会了易容术？还是学会了隐藏术？

听老师说，中考严格到连笔袋都不能带进考场，矿泉水都要撕了包装，以确保它的公平和透明。我有点私心，为我的小狗笔袋打抱不平。因为我一直把我的小狗笔袋当做是幸运物，它陪伴了我整个初中生涯，虽然现在又破又脏，但我还是舍不得抛弃它。如果不让我把小狗笔袋带进考场，那么到时我会不会紧张呢？我想肯定会的。

不过毕竟是中考，适当的紧张是必要的。

用我一个学长朋友的话来说——一生只有一次，好好享受！但我想我一定不会是享受的。如果中考考砸，我还会狠狠地咒骂中考，就像对那个破电梯一样，会狠狠地踹一脚，随后像个大人物一样装模作样地批判中国的应试教育制度，以求慰藉。

但中考还没有开始。

终点未必是终点，等你到了，樱花会开，会飘落，零零散散地成就了一条樱花路。就像是人生路，你永远不知道下一个转角会由怎样的风景迎接你，不管你是继续往前走，还是驻步停留，别忘了回首，向过去的岁月挥挥手，说声感谢，道声再见！

后记：我想象等我走出考场的时候，我会到一个杳无人烟的地方，潇洒地擦亮一根火柴，把我所有的课本烧个精光，任烟雾滚滚飘向天空，以纪念我逝去的初中岁月……

也许是因为尘埃已落定，也许是因为内心真的放下了，也许是因为整个初三阶段把我所有的精力都耗尽了……反正在中考越来越近的日子里，我显得很坦然，那种之前的焦虑、忐忑不安和紧张似乎像长了翅膀一样，都慢慢地飞走了。

因为我的淡定和从容，我发现你也变得很泰然，根本不像一个马上要上战场的初三考生。每天哼着歌，看着闲书，日子过得挺滋润，只是嘴里偶尔会冒出：我爱学习，学习爱我，我沉浸在学习中，无法自拔。

让八万家长都揪心和紧张，让所有初三老师都期待和不安的中考终于来临了，那天你们班主任一身鲜艳的红裙带领你们雄赳赳气昂昂地走向考场，而你们每个同学的脸上都带着笑容，镜头里，我看到你笑得特别自信和灿烂，如同那天的阳光……

学霸加油站

1. 不要盲目跟风。 如果不是老师强烈要求，请不要去买同学们都在买的辅导书，因为每个孩子的水平不一样，适合别人的不一定适合自己。其实最好的辅导书，就是你的错题整理本和课堂笔记本，还有就是你们各个区往年的一模二模卷及中考卷。这个时候也不要盲目去补课，因为你是和时间在赛跑，最好的就是你明确自己最薄弱的科目，然后知道哪个知识点没有掌握好，找老师或者好的一对一老师进行针对性补习。切记，不要浪费时间，因为你浪费不起！

2. 清晰目标。 这个时候如果你还没有自己的目标，还不知道要去哪所学校，那将是件很可悲的事情。当你清晰了目标，那就一遍遍、一次次地去折腾这些题目，也就是"炒冷饭"，你要确保自己的语文和英语基础知识题不能错，数理化的填空题必须全对。这些成果都是要靠你不断地练习。

3. 不忘初心。 这个时候考试是经常的事情，每天一次考试也是正常的，千万不要因为考试的好坏影响了你最初的选择。不要因为没考好，就自暴自弃，失去了信心，你应该找原因，发现问题，而且及时解决；也不要因为考得好，人就浮躁了，或者说眼界就高了，这个时候你更重要的事是巩固基础，稳定成绩。中考考的是一个人的仔细、冷静、从容，最关键的是心态。

后 记

2017 年 7 月 6 日，我想记录查分的一天

今天是最关键的一天，虽然小舶已经被文渊预录了，但我还是特别担心他。记得第一天的语文考完，我刻意没有问他考得如何，只是说了作文，他说套了前几天语文老师布置的作文《我有一颗"诗心"或"匠心"在跳动》，我内心"咯噔"了一下，我看过那篇文章，小舶是以散文的文体写的。我不由叫了一声，你写了散文？小舶对我嘿嘿一笑，说道，老师说不偏题的。好吧，他不会知道，这篇散文像幽灵一样跟随着我到今天直到查分数的前一秒钟。

我很清楚散文的难驾驭，它除了需要一定的创意想象力，还需要深厚的文字功底。所谓形散神不散，看似容易，写起来却比一般的文体都难写，写好更是难上加难。我能不揪心不担心吗？正常情况下，中考 99% 都是写记叙文，而小舶竟然挑战了散文！他的文字功底真的能行吗？他真的能驾驭吗？好吧，既然语文老师说了不偏题就相信你没有偏

题吧，毕竟她是区里的名师，写作上更是有她的一套。

中考刚结束，一参加完毕业典礼，我就带上小舳，约上了他几个同学和他们的妈妈，和美丽的呼伦贝尔草原来了一次邂逅。在草原上，我看到他跳、他跑、他奔；我听到他小声地笑、大声地笑、敞开地笑，我的心头如灌注了全世界最甜的蜂蜜，每天都是好心情。我们就把这一年所有的痛、所有的苦、所有的煎熬和等待，还有眼泪和汗水都抛洒在草原上，任由风、任由云把它们全部带走……

这一年，老师、家长、孩子们都太辛苦了，这种辛苦，如果不曾经历，就不会懂得！

欢乐过后就是安静，安静下来后就会忐忑不安、紧张恐惧。为了不让之前相同的情节重演，我努力装作很淡定，假装自己很忙碌，强迫自己不停地工作不停地写作。但是结果却很悲哀，我根本无法阻止这种相同的情绪，它还是如海浪般涌来。每天除了刷"中考帮"之外，就是傻傻地呆坐着，假想着，天马行空着，那颗被悬挂在半空中的心一分钟都无法安定下来，似乎只有"中考帮"才是安抚我内心焦灼的唯一的情感寄托所。我就是在这种隐形的惴惴不安中等来了今天——7月6日。

早上五点多，生物钟的原因，我准时醒来了。第一件事，就是拿起枕边的手机，先打开"中考帮"，看看有没有新的帖子，随后意外地发现在昨晚的半夜和今天的凌晨滋生了很多很多新帖子，其中每一个文字背后都藏着一个和我一样焦虑不安的家长。我发现焦虑又像传染病一样，隔着屏幕开始蔓延到我的房间，直至蔓延到我的整个身体，我终于听到大脑里那根已经很久没有跳动的时针开始发出"滴答滴答"的声音。

　　早上七点多，起床。经过小舳的房门口，我停顿了一下，随后就去了附近的菜市场，随便买了一些菜回家，因为我的心思根本就不在买菜上。回到家，随便给小舳准备了一个三明治，就急急地奔到他的房间。推开门，我发现他早就醒了，端坐在床的中央，发呆。看我进来，他有点不好意思地挠挠头，然后说自己是被饿醒的。其实从他的眼神里，我知道他在说谎，但是我没有拆穿他，因为这是个善意的谎言。

　　早上九点左右，小舳习惯了边吃早餐边翻看他的书，他吃起来很慢，就如他所说，美食是用来享受的，需要细嚼慢咽，让美食通过喉咙慢慢地到达胃部。我在旁边看着他，心里说不出的感受，不是因为他吃得慢，而是发现了他的心不在焉。那一页纸，他看了好久好久都没有翻动过。好几次想脱口而出：小舳，今天成绩就出来了，你紧张吗？害怕吗？担心吗？但是最后还是把所有的问题都锁在嘴里，绝口不提。

　　上午十点。小舳去了楼上，我不知道他去干什么了，估计又是去玩游戏了，反正最近每天都在玩游戏，我也很放纵他。我在楼下的客厅写东西，写写停停，期间还是刷了"中考帮"，看看其他家长们的动态，里面似乎很安静，但我还是能感觉到这安静背后有一大波暗流在涌动，这波暗流能坚持多久，我就不得而知了，不过我猜不会很久，应该很快，就像暴风雨之前的那场狂风，总是以最快的速度肆虐整个大地。

　　上午十一点。我和小舳已经站在这个城市的某教育机构的门口了。这个暑假还未开始，我就给他报了高一的一些课程。最近几天，正好是他补习物理的阶段，所以我特地请假接送他上课。每天这个点，我们就到了，然后就在旁边的商场吃饭。今天我特意挑了一家港式餐厅，然后面对面坐下，我开始点菜。当菜端上来的时候，小舢睁大眼睛问我，确定都是你点的？这么多，两个人吃？我看了满桌的菜，嘿嘿一笑，貌似是有点多……小舢不知道，我有一个怪癖，就是在我特别压抑和紧张的时候，我喜欢不停地吃东西，希望通过食物来减压。他还不知道，此时我好压抑好忐忑，我需要食物来缓解这种情绪。

上午十一点四十五分。看着满桌吃剩的菜，我只能一次次地向小舢表示我不是故意的，真的不是故意要浪费钱的。他看着我笑，我也看着他笑，娘俩就像一对傻帽，在这家装修精致的港式餐厅面对面傻笑。我不知道小舢是笑我的傻还是笑我的可爱。不管了，反正我对着他笑是因为我太爱他了，看到他笑我就忍不住要笑，所以我自认为他是因为我的可爱而笑的。吃完后，我表示要给他去买酸奶，他说不需要，时间来不及了。但我还是强制性地半推半拉地把他拉进超市，买了一堆酸奶，似乎购买也能减轻我的紧张和忐忑。

下午一点。本来这几天有点感冒的我，吃了药后正常来说想睡觉，但是今天很反常，脑袋特别清醒和兴奋，不停地刷着"中考帮"，看里面有没有新的动态。只要有新的动态，我一个都不会放过，想从中看到些我想看到的东西。但让我很失望，里面从来没有像今天这么寂静过！我不信邪，又打开了家长微信群，里面的信息显示还是两天前的。要命，这些家长今天都怎么了？难道都忙得不可开交？还是都得了失语症？或者说想用沉默来对付汹涌澎湃的不安和紧张？反正我是不会相信这是因为家长们的淡定，因为我是那么紧张和不安，心神不定，坐立不安……

下午两点。"中考帮"和"微信家长群"终于开始有动静了，很多家长开始表示出各种紧张，各种害怕。很多问题蜂拥而至："密码是什么？""今年预测投档分数线是多少？""今年的试卷难还是去年的难？"……我看着论坛，心里那根神经绷得更紧了。小舶考完数学出来就说满分没问题，但是后来听说数学有很多坑，为此，我一遍又一遍地问他答案，他被问烦了，索性说我不相信他。好吧，其实是我不相信自己。而最让我担心的是语文，他的《登泰山记》扣了很多分，再加上阅读理解，还有那篇作文……唉，这让我情何以堪！写得好，分数会高，写的不好呢？我不敢想象。

下午两点三十分。离他下课时间很近了，离查分的时间也很近了。我在手机上开始计算他可能得到的分数，越算越害怕，越紧张。因为我不止一次滋生出一个奇怪的念头——小舶不会连550分都考不到吧（550分是去年市重点高中的最低投档线），这个念头像魔鬼一样笼罩在我的心头，让我浑身颤抖发冷……算了，还是去班级门口等他吧，看到小舶也许我就不会这么想了。

下午三点左右。小舶坐上车，我边开着车，边和他聊。小舶，听说这次数学批改很严格啊，步骤有点不对，就会扣分。小舶闭着眼睛，嘟囔道："这和我有什么关系？"好吧，和他没有关系，那么就估分吧，大概能考几分啊？没办法估，因为这次没有对答案。我看着冷静的他，真的很无语，难道他不知道自己的母亲已经很紧张了吗？紧张到开始牙疼肚子疼全身都疼。问不到所以然，我也只好作罢，这个时候，真的很想快点知道成绩！

下午三点三十分，我们快到家了。我突然对始终沉默的小舶说道，去买些冰激凌回家。他表示很意外，老妈你不是感冒很严重吗？怎么还吃冰激凌？我说，放在家里，以防万一。其实我想说，等一下查完成绩，也许我需要冰激凌来降温。

下午四点。小舶已经趴在三楼的地板上打游戏了，和同学边说话边玩，兴奋得不得了。我斜躺在床上，假装翻着书，眼睛却看着他青春的脸庞，手指在电脑键盘上飞快地跑动，我心里在想，如果等一下成绩出来后，他还能这么开心吗？要不现在就让他最后的狂欢吧！小舶，今晚我们早点吃晚饭吧。他头也不抬，说，好的。看来他也知道再过一个多小时就要查分了。

下午四点三十分。我已经在厨房了。在切丝瓜的时候，刀就这样不经意地划过手指，瞬间鲜血顺着手指流了下来。我很惊慌，或许是有点迷信，感觉在查分之前突然见红不是好兆头。我急急地把手指含在嘴里，希望快点止血。唉，这折磨人的查分，时间怎么似乎停止不动呢？

下午五点三十分。我煮完了三菜一汤，摆上了桌子。随后立马去拿正在充电的手机，先看时间，又开始刷"中考帮"，里面已经是热闹非凡，家长们都在紧张地等待着，有些心急的家长都开始登录查分系统，却怎么也登录不进去。我也打开了查分系统，心里默念小舶的证件后面的六位数，同样登不进去。时间还没有到，系统怎么可能登得进去呢！

接着，我开始对着楼梯喊小舶，让他下楼吃饭。十五分钟后，他下楼。那时，我已经匆匆扒了几口饭，坐在客厅的电脑前，先把桌面上所有的东西都关闭，又把电脑刷新了一遍。

下午五点五十五分。正在吃饭的小舶突然飞奔下来，他边晃动着手中的手机边大叫，老妈，可以查分了！随后直接扑到了电脑前，再次急急地叫道，我同学说可以查分了，有人查到了。真的假的？时间不是还没有到吗？不管了，先查查再说，我手忙脚乱地先是在"中考帮"推送的查分系统查，却怎么也打不开，更别说登录了；紧接着，我扔掉手机，扑到电脑上查，进"中考网"，结果显示整个网络瘫痪。我真的要哭了，怎么越急越出问题呢！

这个时候，我们班级的家长群开始有人说已经查到分数了，关键是还把分数报出来了——594分！偶滴神，我看到分数就吓傻了，这么高，怎么会有这么高的分数？我家小舳会是什么样的分数啊？就在我不知所措又胡思乱想的时候，小舳又开始大叫，老妈，我们班又有同学说知道自己的分数啦！这个时候，我听到他的手机不停地在叫，是QQ提示音。我一抬头，看到小舳满脸通红，一双眼睛瞪得老大，他似乎比我还紧张，看来之前的淡定都是装出来的。

我努力沉住气，在家长群里问那个同学妈妈查分网址，只一会儿，就发过来了。我心惊胆战地进入，看到了查分的页面，然后手指小心翼翼地点击中考号和密码，结果显示错误！怎么会错？小舳，怎么会错？完了，看来你的密码真的有问题！我紧张又担心得一塌糊涂，拿手机的手也开始颤抖了。小舳在一旁看着我一脸的死灰样，一下抢过手机，重新输入密码，我发现他在输入那些数字的时候，手指也在不停地在颤抖。

沉默，静默。

我看到小舳的脸色越来越红，眼睛越来越大，连习惯了抿紧的小嘴也张开了，老妈，我考了612.5分！我考了612.5分啊！

什么？真的假的？

我一把从他的手里抢过手机，直接把眼神对焦那一排红色数字最后面的那几个数字，没有错，真的是 612.5 分（中考总分是 630 分）。

小舶，你太棒了，你怎么可以这么棒呢？你真的没有让妈咪失望！你真的让我太满意了！我一下紧紧抱着还处于发愣状态中的他，喜极而泣。

是的，我太开心了，整整四年时间，四年的等待，四年的努力和煎熬，终于换来了这个让人兴奋幸福的数字，值了！真的值了！之前所有的痛所有的苦都只为了这一刻，这一秒钟的精彩！

当我抬起头，发现小舶双眼泛红，他也热泪盈眶。

是的，他终于获得了成就感，一种满满的成就感，虽然这个过程漫长而枯燥，甚至苦逼，但是在他的双眼触及那一串数字时，那种成就感瓦解了之前所有的泪和累！

小舶还处在激动和兴奋中，他的 QQ 不停地叫着，想来同学们都在分享这激动人心的一刻，都在分享自己四年时间拼搏之后的成果。

此刻，喧闹过后是极度的安静，似乎家长们也安静了！每年这个时候，都是几家忧愁几家欢喜。不管结果如何，过程我们都一起走过。我敲打着键盘，把这一天记录下来，只为了以后还能回顾这令人难忘和紧张的一天。四年的拼搏和努力，终于画上了一个圆满的句号。感谢小舶、感谢老师、感谢自己及所有人的一路陪伴！